新知图书馆

第二辑

40个生态和海洋科学实验

ECOLOGY AND MARINE

【美】帕梅拉·沃克　伊莱恩·伍德/著　　谢　军　张宏佳/译

上海科学技术文献出版社
Shanghai Scientific and Technological Literature Press

图书在版编目（CIP）数据

40个生态和海洋科学实验 /（美）帕梅拉·沃克，（美）伊莱恩·伍德著；谢军，张宏佳译．—上海：上海科学技术文献出版社，2019
ISBN 978-7-5439-7874-4

Ⅰ．①4… Ⅱ．①帕…②伊…③谢…④张… Ⅲ．①科学实验—初中—教学参考资料 Ⅳ．①G634.73

中国版本图书馆CIP数据核字（2019）第074858号

Facts on File Science Experiments: Ecology Experiments
Facts on File Science Experiments: Marine Science Experiments

图字：09-2019-281

策划编辑：张 树
责任编辑：于学松 苏密娅
封面设计：许 菲

40个生态和海洋科学实验
40GE SHENGTAI HE HAIYANG KEXUE SHIYAN
[美]帕梅拉·沃克 伊莱恩·伍德 著 谢军 张宏佳 译
出版发行：上海科学技术文献出版社
地 址：上海市长乐路746号
邮政编码：200040
经 销：全国新华书店
印 刷：常熟市人民印刷有限公司
开 本：720×1000 1/16
印 张：17.25
字 数：290 000
版 次：2019年6月第1版 2019年6月第1次印刷
书 号：ISBN 978-7-5439-7874-4
定 价：48.00元
http://www.sstlp.com

序言

当你听到“科学”这个词时，最先想到的是什么？是否和大多数人一样，想到陈列着各种各样玻璃器皿和许多精密仪器的实验室？想到总是身着白大褂，整日埋头于各种实验，满脸严肃的科学研究人员？虽然在许多地方这种对科学家的传统看法仍然是正确的，但是实验室却不是唯一存在科学的地方。在某个建筑工地、篮球场甚至是一场你喜爱的乐队的演奏会上，都可以发现科学。实际上，科学无处不在。我们在厨房里做饭时要用到科学；画画时要用到科学；建筑师设计建筑物时要用到科学；甚至解释为什么你最喜欢的棒球选手可以打一个本垒打也要用到科学。

几个世纪以来，人类不断地对周围世界进行探索和研究，从中获得的知识不断积累成科学。科学知识的代代传承通过一系列的教育活动得以实现。所有科学教育活动的一项基本目的就是培养年轻人具有批判性思维和解决问题的能力，而这些能力是受益终身的。

科学知识教育具有学术独特性，不仅要展现事实规律、传授技能，更要培养学生的好奇心和创造性。因此，科学是主动的过程，不可能完全用被动的教学方法实现上述目标。教育工作者时常面临“科学教育的最佳途径是什么”这样的难题。尽管尚无确切答案，但是教育界的一些研究成果还是为我们带来了有益的启示。

研究表明，学生必须积极主动地参与科学实践，通过切身体验学习科学知识。我们要鼓励人们摆脱和超越书本，敢于质疑，提出新奇的设想，进行大胆的预测和假设，自己设计实验内容和步骤，并能收集相关信息，记录实验数据，分析所发现的结果，利用各种资源来拓展知识。换言之，在学习科学的过程中，不能只用耳朵“听”，还必须动手“做”。这也就是学科学的最佳方法——“做”科学。

所谓“做”科学就是进行科学实验。涉及科学的课程当中，实验部分发挥着多项教育功能。在很多情况下，需要实际操作的教学活动能有效地激发学生的兴趣，有助于新课题的导入。例如，我们介绍某一有争议的实验，会激发学生的探究欲望并解开现象背后的谜团。课堂上的调查研究活动也有助于学生温故知新。根据神经科学的理论，科学实验和其他学习实践活动有助于将新知识从短期记忆转化成长期记忆。以实践活动和实验为主的“做”科学不仅有助于学生掌握科学概念，而且有助于培养当今年轻人对科学的兴趣。

为此，我们策划了这套“新知图书馆”系列丛书，汇集了天文、地理、物理、化学、生物、海洋、机械、音乐、体育、艺术、建筑、环境等多个领域的科学内容，我们将通过实验验证这些学科内容在日常生活中的应用，通过简单的实验吸引学生兴趣，使之能够进行实践操作，实现我们所说的“做”科学。丛书每个分册围绕一到两个主题设计了 20～40 项实验，实验所用的材料大多都是生活中常见的物品。各类实验配有插图和图解，便于抓住学生注意力，直观地传递信息。所有实验都会综合调动学生进行科学探究的各方面技能，诸如观察、测量、归类、分析以及预测等。此外，某些实验要求学生通过自己设计并完成开放式实验项目，锻炼其探究科学的能力。

书中大多数的实验都是要求在教师和成年人的指导下，以小组的形式进行的，这其中的一个好处是学生们有机会通过社会交往途径进行学习，使得学生有了集思广益和相互学习的机会。神经科学的研究成果证明，小组学习是一种有效的学习手段，人脑是具有社会属性的器官，人际交流和相互协作能提高学习的效果。

“新知图书馆”系列丛书的目标是借助实验激发学生学习科学的兴趣，传授基本的科学概念，培养批判性思维能力。当学生完全沉浸在丰富的实验环境中，他们会经历许多惊喜并得到意外收获，体验到新旧知识融合以及豁然开朗的非凡乐趣。在这样的条件下，学习活动才真实生动而又效果持久。

我们希望当你们完成这些实验时，能对身边的世界有更好的了解。也许阅读这套书并不能使你们成为一流的运动员或数一数二的科学家，但是我们希望这些实验能够激发你们去发现日常生活中的科学，也能鼓励你们把我们的世界变得更加美好。

目 录

生 态 篇

海　洋　篇

实验前必读

在开始任何实验前仔细阅读

每项实验都包括与具体主题相关的特别安全提示。这些提示不包括那些在做其他任何科学实验时都必须注意的基本规则。因此，你必须仔细阅读下面的安全准则，并时刻牢记在心。

科学实验很容易有危险，规范的实验步骤应该包括细致的安全守则。在实验过程中随时会有意外发生，例如，材料可能会溢出、破碎，甚至着火。发生危险时你甚至来不及自我保护。在整个实验过程中，不论是否会对你造成危险，你都要严格遵守下面的安全提示，时刻警惕意外危险发生。

对每个独立的实验我们都设计了比较保守的安全预防措施。所以，我们希望你能认真对待本书中的所有安全提示。正是因为非常危险，因此你应该明确看到了这些提示。

因为时刻记住所有的规则并不容易，所以在开始每一项实验之前和准备每一项实验时都要重新阅读这些规则，这样你就会在实验的每一个危险关头注意保持安全。此外，在做那些会发生潜在危险的步骤时，你要运用自己的判断力，时刻保持警惕。虽然书中并没有提到“小心热的液体”或“不要用刀划破你的手指”，但并不表示你在烧水或在塑料瓶上打洞时可以疏忽大意。书中的安全提示只是一些特别的提醒。

安全准则

粗心、仓促、缺乏知识或不必要的冒险都会引发事故,采取安全的步骤和在整个实验过程中都保持警惕可以避免上述危险。一定要阅读书中每项具体实验后附加的安全提示和遵从需要成人监督的要求。如果你是在实验室里做实验,记住不要一个人操作。如果不是在实验室里做实验,要至少 3 个同学一组,并严格遵守学校和各地的法律对监督人员数量的要求。请求具有急救知识的成人监护员看护,并准备好急救包。确保在实验过程中人人都知道急救员的位置。

准　备

- 在实验之前清理桌面,保持干净。
- 开始实验之前,阅读整个实验说明。
- 了解实验中的危险和可预料的危险。

自我保护

- 有步骤地遵守实验说明。
- 每次只做一个实验。
- 确定安全出口、灭火毯和灭火器的位置,关闭燃气和电源开关,准备好洗眼水和急救包。
- 确保充分通风。
- 不要喧闹嬉戏。
- 不要穿露脚趾的鞋。
- 保证地板和工作间干净、整洁、干燥。
- 立即清除溢出物。
- 如果玻璃器皿破裂,不要自己打扫,请求教师帮助。
- 把长头发束到脑后。
- 不要在实验室或工作间里吃东西、喝饮料或吸烟。
- 除非有知识丰富的成人明确告知,否则不要食用任何实验用的材料。

小心使用器材

- 不要把仪器竖立在桌子边缘。
- 小心使用刀子或其他尖锐的仪器。
- 拔电源插头,而不是拔电线。
- 使用前后都要清洗玻璃器皿。
- 检查玻璃器皿的擦痕、裂痕和尖锐边缘。
- 玻璃器皿破碎了要立即通知老师。
- 不要让反射光照射你的显微镜。
- 不要触摸金属导体。
- 小心用电。
- 使用酒精温度计,而不是水银温度计。

使用化学品

- 不要品尝或吸入化学品。
- 在盛有化学品的瓶子和仪器上贴好标签。
- 仔细阅读标签。
- 避免化学品接触皮肤和眼睛(戴安全镜或护目镜、实验用围裙和手套)。
- 不要触摸化学溶液。
- 使用溶液前后要洗手。
- 彻底清除溢出物。

加热物质

- 在加热材料时戴安全镜或护目镜、围裙和手套。
- 使你的脸远离试管或烧杯。
- 当在试管里加热物质时,避免把试管的顶端对着其他人。
- 使用耐热玻璃制成的试管、烧杯和其他玻璃器皿。
- 不要使仪器处于无人看管状态。

- 使用安全钳和耐热手套。
- 如果你的实验室没有耐热工作台，把本生灯放在耐热垫上之后再点燃。
- 点燃本生灯时要注意安全；点燃本生灯时保持通气孔关闭，使用本生灯专用打火机而不用火柴。
- 使用电炉、本生灯和燃用气体完毕后立即关闭。
- 使易燃物远离火焰或其他热源。
- 手边准备一个灭火器。

实验结束

- 彻底清理你的工作场所和任何使用过的玻璃器皿。
- 洗手。
- 小心不要把化学品或污染了的试剂放入错误的容器。
- 不要在水槽里处理材料，除非要求这样做。
- 清理所有的残留物，把它们放到正确的容器里进行处理。
- 按照各地法律规定处理化学品。

随时保持安全意识！

生态篇

简 介

即使我们花很多时间待在家里、学校和办公室，我们仍然要依赖于我们周围的自然世界。生态学就是一门研究这个自然界的学科，主要是研究生物与其环境之间的相互作用和通过系统进行的能量转换。生态学可以帮助人们了解周围的世界是怎样运行的。作为一门跨学科的科学，生态学包括基因学、大气学、生物学、化学、生理学和水文学在内的多个领域。

因为自然界存在的时间远远超过人类，我们可以从研究自然界中获取很多知识。自然系统是健康平衡和持久的。人类的活动正在打破生态系统中生物和能量的这种复杂的自然平衡状态，使这个天平倾斜，对生态学的了解有助于我们重新建立起这种长期稳定性所需要的平衡。

在课堂上，学生们通过讨论、讲座和实验来学习生态学。做实验是非常有用的学习方法，因为这是一种需要学生不断亲自参与的动手实践活动。《40 个生态和海洋科学实验》是“新知图书馆”系列丛书中的一部。本书中的“生态篇”为科学教师提供 20 个包含生态学基本原理的原创实验。其中的所有实验都是经过验证的、能增加对生态学事实和科学本质了解的课堂实践活动。本篇的内容是以生态学领域的三大专业——能量流、营养的再循环和族群为基础的。

本篇专为初中和高中的课堂教学而设计，既提供了室内活动也提供了室外活动。实验以一种可以帮助教师提供多种学习方法的方式呈现出来。本篇中有几部分是问卷式实验，其中会对学生们提出问题，然后让他们提出假设、设计和进行一项实验并且得出结论。如果教师想要调整对个别学生的指导，这些问卷式实验也可以作为他们的区分工具。有些实验是学生们可以在业余时间做的长期课题。这些实验包括：“土壤生态系统的多样性”，主要是关于水和养分与土壤情况对土壤生态系统的影响。“表面积影响体温”，这项实验要求学生设计实验来了解身体大小和体重的适应性变化是如何影响动物的新陈代谢速度和体温的。在“生态系统中的能量”中，学生要测定出植被对生态系统温度的影响。“分解者在氮循环中的作用”，这项实验是要弄清分解的叶子中释放出的氮是如何影响植物生长的。

差异教学是成功教育的一个关键因素，所以本篇中的其他实验提供了一些对学生进行区分的机会。在“生物群落学习中心”一节中，学生或学生小组要对生物群落展开调查研究，建立关于生物群落的学习中心或实验站，然后与其他学生共享这些实验站。这项活动可能是一个长期的课题，学生们需要为此工作好几周，教师可以通过让学生做出不同的产品来进行进一步的区分，那些做得快的学生会访问所有的学习中心，而那些做得慢的学生则可能只会访问几个。

大部分的实验都是以让学生按照指示去做的传统方式展现出来的。“族群和群落动力学”是下面这 4 个实验的主要内容。在“族群内的大小和年龄分布”一节中，学生们要研究一个群落中的两种树，找出树龄分布是如何影响族群生长的。“物种的多样性”是一项既可以在室内做又可以在室外做的实验，学生在这个实验中要分析一个群落中物种的重要性。在“捕食者与猎物的数量”这项实验中，学生们用卡片来扮演猞猁和野兔的角色。在“找到底栖生物群落”中，学生们通过采集样本来了解淡水群落。

以生态系统的特征为特色的实验包括：“植被监测”，这是一项演示族群生物学家用来监测生态系统变化的实验活动。“叶面积影响初级生产力”一节介绍了总生产力和净生产力的概念，并且强化了光合作用和细胞呼吸作用的概念。“食物网”一节解释了能量是如何通过生态系统进行流动的。在“入侵物种对生态系统的影响”一节中，学生们会弄清楚兔子的引进是如何扰乱澳大利亚的生态系统的。“生态系统的构成要素”中那些直观的户外观测活动会有助于学生们确定摄食关系。

在“观察不同生物群落中植物的生长”中检验了个别生物群落的特性，这项实验要求学生让种子在不同的气候条件下发芽。在“水对生物群落温度的影响”中，学生们通过实验把水和土壤保持热量的能力进行了对比。在“生态演替有哪些阶段”一节中讨论了生物群落的变化。这项实验要求学生观察校园中生态演替的不同阶段。“牛奶中的群落演替”显示一个群落中的族群是如何随着环境的变化而变化的。在“种子对昼长的适应性”中研究了生物对其生物群落的适应性。在这项实验中，学生要确定昼长是否影响种子的发芽率。“拟态的有效性”是一项模拟拟体及其样本存活率的实验。

闲暇时常在户外活动的学生要比那些较少有户外活动机会的学生更熟悉生态系统的特性和问题。在有些教育体制中到户外去是件很容易的事，而在其他一些学校则是不可能的。然而，每门科学课程都包括生态学的标准，这是因为地球上的公民都要了解我们的生态系统以保持它的平衡。

一门好的生态课程的教学目标应包括帮助学生了解当地的生态系统是如何运行的，以及与更遥远星球的生物圈的联系。从这个意义上来说，学习生态学可以提高学生对环境的关注和敏感度，使他们明白生物圈是极其脆弱的。能够意识到每一个人都会对生物圈产生影响的学生，将会把保护我们的地球视为己任。

作者希望教育者能用书中的这些实验帮助学生，使他们能把自身以及他们身边的环境看成是互相联系的世界群落的一部分。教师可以使学生用一种新的眼光来看待从热带的真菌到南极的浮游生物的所有生物的联系。教师通过使学生能够在课堂上进行推理思考和解决生物学问题，使他们获得在现实世界中解决类似问题的能力。

实验1　族群的大小和年龄分布

题　目

族群的大小和年龄分布可以提供有关一个族群生存能力的信息。

简　介

一个族群有3个方面：密度、分布和年龄结构。密度是指在一定区域内个体的数量，它会影响个体为生存而寻找空间、食物和水的能力；分布是指生物体在指定区域所处的位置。在某些栖息地，资源分布较均匀，因此生物体能够均匀地在这一区域分布。而在其他一些栖息地，资源聚集在某些区域，因而生物也聚集在那里。族群的年龄结构是指每一年龄组内个体的相对数量。

根据族群的不同，可以采用不同的方法研究年龄结构。例如，在人类族群中，可以通过确定个体的年龄来分析年龄结构。在昆虫中，年龄是通过生命中的不同阶段来测量的，例如：幼虫、蛹或者成虫（图1）。在某些植物中，可以通过高度和直径来估测年龄；而在另外一些植物中，则可以通过计算年轮的方式来获知其年龄。在本实验中将确定和分析树的年龄结构。

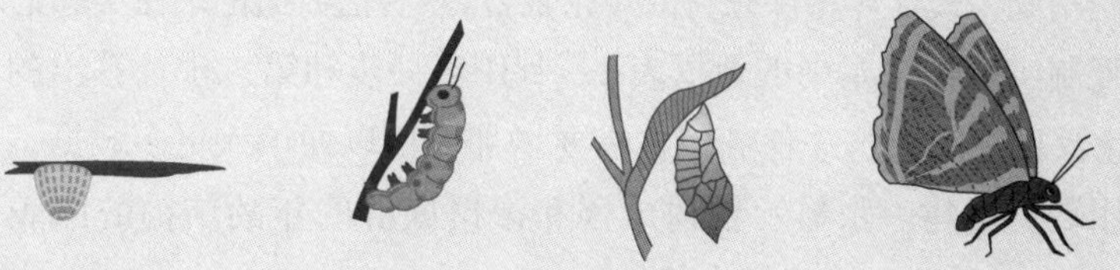

图1　蝴蝶的各个生命阶段

实验时间

A 部分为 45 分钟
B 部分为 45 分钟

实验材料

- 坐标纸
- 绿色的铅笔
- 棕色的铅笔
- 卷尺
- 放大镜
- 实验记录本

安全提示

请仔细阅读并遵守本书“实验前必读”中的“安全准则”。

实验步骤 A 部分

1. 图 2 是森林中松树和橡树的横截面图，松树为绿色，橡树为棕色(参见书后彩页)。使用放大镜有助于计算每棵松树的年轮数目，然后把数据记录在实验记录本中。

2. 使用放大镜计算每棵橡树的年轮数目，然后把数据记录在实验记录本中。

3. 复制实验记录本中的数据表 1。利用第一步和第二步计算出的松树和橡树的年轮数目来完成这一任务。你需要增加表格以便填入更多数据。

4. 用数据创建一张显示松树族群和橡树族群的年龄结构的图表。用绿色铅笔标出松树，用棕色铅笔标出橡树。

5. 回答分析中的问题 1—3。

图 2

数 据 表 1

年轮数目	松　树	橡　树
3		
4		
5		
6		
7		
8		
9		
10		

实验步骤　B部分

1. 跟随教师到一处树木较多的户外区域。

2. 与同伴一起选出一种树来进行测量。你可以选择松树、橡树或者其他任何一种生长在这片区域的树种。

3. 测量所选树种的每一棵树。为了测量，先确定树的胸高直径。

4. 在实验记录本中创建一张数据表以记录数据。

5. 回到学校后，根据数据绘制一张图表。

6. 回答分析中的问题 4—6。

分　析

1. 根据 A 部分中的图表，哪一个是比较年轻的族群，橡树还是松树？解释一下原因。

2. 哪一个族群生长得更快一些，橡树还是松树？解释一下原因。

3. 通过数年轮来确定树的年龄这一方法有何弊端？

4. 根据在户外的发现结果，你认为你所测量的树是幼年、中年还是老年？解释一下原因。

5. 用胸高直径来确定树的年龄的方法有何弊端?

6. 下面的数据表 2 和数据表 3 分别表示棕榈树的两个族群，一个族群位于高尔夫球场，另一个族群则处于自然区域。在本项研究中，生态学家通过测量树的高度来确定树的年龄。回答下列有关图表的问题:

数 据 表 2

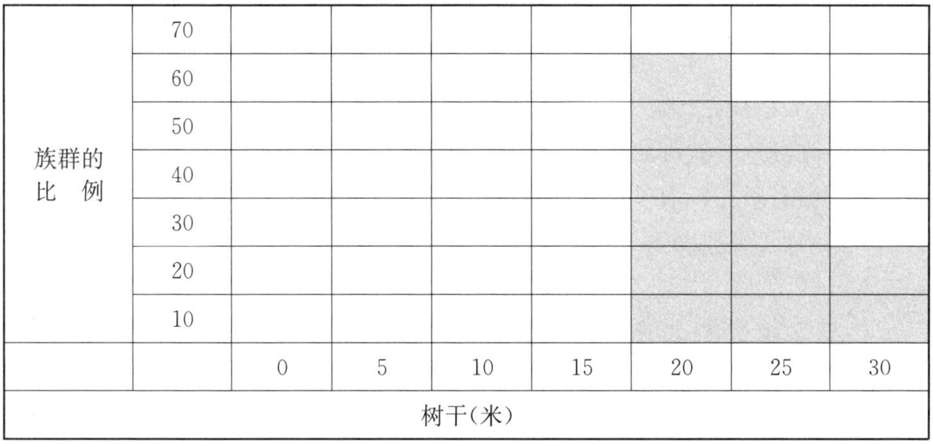

数 据 表 3

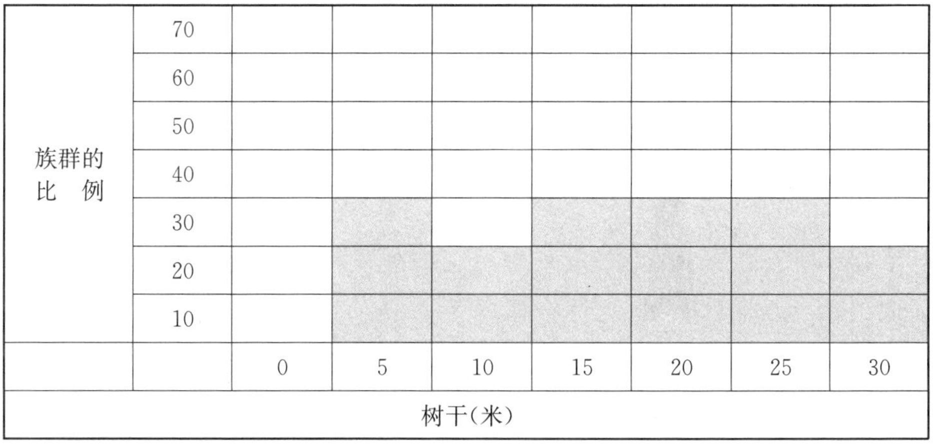

① 哪一张图表表示的是高尔夫球场? 你是如何知道的?

② 哪一张图表表示小树在生长并逐渐成熟?

③ 哪一张图表表示的是在成年树死后没有什么其他树来代替的区域?

了解年龄结构有助于理解一个族群的生长。在一个处于繁殖阶段的个体比例较高的族群中，生长的潜力较大。主要由老年个体组成的族群则生长力不旺。

在本实验的A部分中计算了两个族群的树的年轮。橡树是一个非常年轻的族群，年轻个体的比例较高，因此，这个族群的生长力很强，将会长期地繁殖幼苗。松树是较老的族群，年轻个体比例较低。较老的族群有灭绝的危险。

可以使用本实验中的类似方法来分析动物族群，可以用年龄金字塔，也就是通过表示每一组的个体比例来表示族群的年龄。年轻的个体处于金字塔的底端，年老的个体处于金字塔的顶端。例如，一个负鼠族群有75%为年轻个体，而只有25%为成年个体。这种3∶1的比率显示，负鼠是一个快速增长的族群。鹿族群60%为年轻个体，40%为成年个体，这一稳定的族群结构表明，鹿群的增速正常。在濒危的猫头鹰族群中20%为幼年个体，80%为成年个体，这表明猫头鹰族群没有增长。当年老的猫头鹰死去时，将不会有足够的小猫头鹰来取代它们，于是猫头鹰族群将会缩小。

与现实生活的联系

1750年以前，人类族群的增长速度缓慢。增长率是反映每年出生和死亡数目差额的百分比。1750年以后，世界范围的增长率上升，1965年达到2%的顶峰。目前，发达的国家，如欧洲和北美的生长率已表现出放慢的趋势；而发展中国家，如亚洲和非洲的人口增长仍然很快。图3所示的人口增长结构金字塔就表示出这种差别。

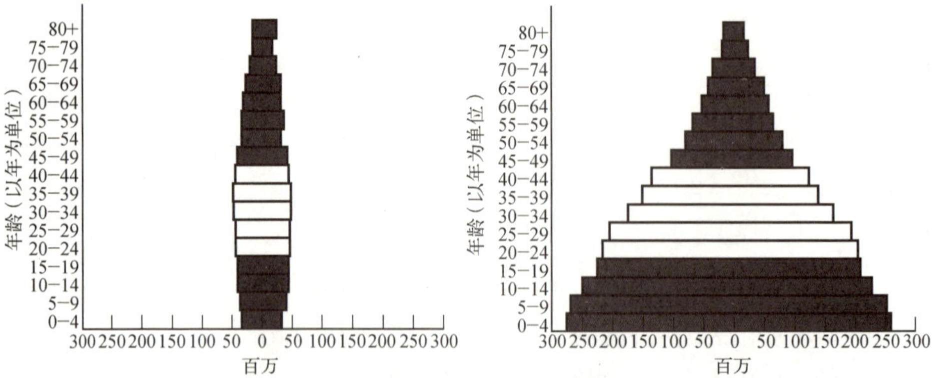

图3　发达国家和发展中国家的人口增长结构金字塔

这两个金字塔图表明，在发达国家中，大部分人口由成年人构成。这种金字塔表明族群稳定，几乎没有人口增长。在发展中国家中，金字塔的底部很宽，这表明人口族群的较大比率是由低于 15 岁的人口构成的。即使其中每个人与其父母相比拥有更少的孩子，人口仍然是在继续增长。

想要了解更多吗？

参见附录中“我们的发现”。

实验2　物种的多样性

题　目

一个自然群落包含大量不同的物种。

简　介

群落是不同物种的个体的总称，每一个物种都有自己利用现有资源生存的方式。生活在一个群落里的物种是那些能够在这一群落的环境条件下生存下来的生物，只有少数物种才能适应一个群落所特有的生存环境，因此，相似物种的形态在群落里会以相似的特点循环往复。

一个群落里物种的丰富性被称为生物多样性，即生命形式的多样化。没有人知道地球上栖息着多少种生物。最普通的生物很小并且难以确定数量。科学家们估计有500万—3 000万种不同种类的生物，只有不到200万种的生物被人们发现和命名。在本项实验中，你将要统计一下生物的多样性并分析统计结果。

实验时间

A部分为30分钟

B部分为45分钟

实验材料

- 到户外
- 实验记录本

安全提示

请仔细阅读并遵守本书“实验前必读”中的“安全准则”。

实验步骤　A 部分

1. 复制实验记录本里的数据表两次，分别命名为数据表 1 和数据表 2。

2. 仔细观察图 1。图 1 显示的是一个供养 6 个动物物种的群落，数一下每一个物种的数量并记录在数据表 1 里。

图 1　群落 A

3. 仔细观察图 2。图 2 显示的也是一个供养 6 个动物物种的群落，数一下每一个物种的数量并记录在数据表 2 里。

图 2　群落 B

4. 计算每个群落的生物多样性。为此，你需要使用下面的公式：

$$生物多样性指数=\frac{一个地区物种的数目}{这一地区的生物个体的总数目}$$

5. 回答分析中的问题 1—4。

实验步骤　B 部分

1. 跟随教师到户外。你所处的户外区域就是一个群落。

2. 复制实验记录本里的数据表。你可能会需要增加表格的长度。

3. 数一下你所在区域的物种数量以及每一个物种的个体数目。如果不知道物种的名称，去问教师或者只是给它起个名称如物种 A、物种 B。

4. 确定你所研究的群落里生物多样性的指数。

5. 回到教室后，把你的发现与其他同学共享。

6. 回答分析中的问题 5—7。

分　析

1. 用自己的话给生物多样性下一个定义。

2. 哪一个群落(图 1 或图 2)包含的生物多样性最多?

数 据 表

物 种	这一物种的个体数目

3. 计算一下表示只有 40 条蚯蚓而没有其他生物的平面图中生物多样性的指数。

4. 计算一下表示 3 条蚯蚓、3 只蟋蟀、4 条蜈蚣、5 只蚂蚱、5 条千足虫、4 只潮虫、2 只鼹鼠、2 株蕨类植物、3 个丝状真菌以及 9 只蚂蚁的平面图中生物多样性的指数。

5. 你所分析的户外区域的生物多样性的指数是多少?

6. 你认为农业是如何影响生物多样性的?

实验中将会发生什么?

在一个自然群落中，几乎没有几个物种的数量特别多，因此，大多数物种丰富的群落具有相对较高的生物多样性指数。草原、森林、灌木丛或者沙漠的群落拥有不同的物种。在本项实验中，你将仔细研究附近户外的一个群落，如果这是一个受人类活动影响较大的群落，例如校园里的一块草坪，那么这个群落表现出相对较低的生物多样性。在这个例子中，一种植物物种处于控制支配地位。由于化肥、杀虫剂以及步行交通，生活在土壤之中或土壤表面上的生物的多样性也会很低。

群落中的生物多样性由 3 个因素决定：空间、时间和食物。如果一个群落空间无论是垂直的还是水平方向的都有很多层，生物的多样性就会增加。例如，森林从地面到树冠的顶端就分为很多层。不同层次的空间为生物体提供了可以利用的微生存环境。分层群落里的动物会分割出许多自己能够生存的小区域，从而使许多物种能够共存。时间因素造成的变化也会增加生物的多样性。如果一种植物春天开花生长，而另一种植物的生长则是在秋天，那么这两种植物就可以共存在同一区域内。同样，夜晚觅食的动物与那些晚上睡觉白天出来觅食的动物也可以利用同一空间。饮食差异也会增加生物的多样性，一些鸟类以种子为食，而另一些鸟类以昆虫为食，还有其他一些鸟类则以花蜜为食，因为它们不存在食物竞争的问题，所以这 3 种鸟类都可以生存在同一区域内。

与现实生活的联系

从全球来看，物种的多样性具有渐变性。多样性最大的地区是在回归线附近。越向两极，生物的多样性越低（图 3）。例如，赤道附近就比加拿大生活着更多种类的昆虫。生物多样性的这种渐变性的原因可以解释为，热带是温暖潮湿的地区，阳光充足，能够比寒凉、干燥的地区供养更多的物种生存。一个植物多样化的地区可以为更多种类的食草动物提供食物。同样，一个地区食草动物的种类越多，所能供养的食肉动物的种类也就越多。

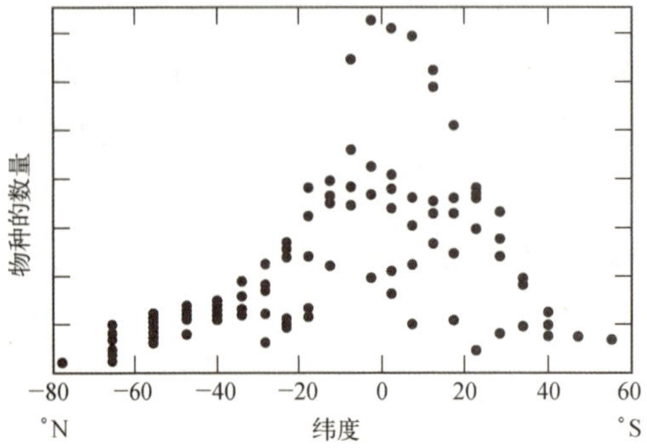

图 3　物种的多样性在赤道附近最为丰富

在海洋里，生物的多样性随着远离大陆而逐渐降低。在陆地附近，食物丰富，有多种不同的栖息地。陆地上的江河把矿物质和营养物质带到海洋中，沿岸的浅水区域成为海草和海带的温床，为生物提供了隐藏和筑巢的地方以及丰富的食物来源。在远离陆地的海洋深处，海水很深，太阳光线无法穿透海水到达海洋底部为植物提供生命支持。深深的海底基本相同，动物几乎没有生存空间。

想要了解更多吗？

参见附录中“我们的发现”。

实验 3　植被监测

题　目

科学家测量植被的数量以便了解一个地区的生态因素。

简　介

在户外散步时，你可能会踩在光秃秃的土壤上，也可能会踩在被植被覆盖的土壤上。对于生态学家来说，这是一个重要的区别。生态学家研究植被，即供养植物生命的地表区域。通过分析植被，生态学家可以获知有关这一地区的两点情况：处于支配地位的植物类型以及植物和动物所需的湿度。有植被覆盖的土壤比没有植被覆盖的土壤能够保持更多的水分。另外，植被能够减少侵蚀，防止土壤流失，从而保持住土壤中的养分。

植物形成 4 种基本类型的植被：基础植被、林冠植被、叶植被以及地面。基础植被是指由植物的根茎和树干覆盖的地面部分。林冠植被是指受到植物任何部位，包括叶子的最外缘影响的区域。叶植被与植物的垂直部分有关。地面植被是指土壤表面蔓延的植物。

在本项实验中，你将对分析地面植被的两种方法进行比较。根据这两种方法，你和你的实验小组写一份得出地面植被覆盖比例的操作步骤，和其他实验小组进行交换，然后在户外操作那个小组的实验步骤。

实验时间

A 部分为 55 分钟
B 部分为 55 分钟

实验材料

- 大索引卡片
- 剪刀
- 2 把米尺
- 绳子
- 胶带
- 小米尺
- 实验记录本

安全提示

请仔细阅读并遵守本书"实验前必读"中的"安全准则"。

实验步骤 A 部分

1. 回答分析中的问题 1。

2. 与同伴仔细观察图 1。图 1 表示的是 0.8 平方米的小型平面图。图中包括一些植物和岩石。

3. 使用得出平面图中植物覆盖比例的估测方法，为此，你需要：

① 复制实验记录本里的数据表 1。

② 把一个大索引卡片切成两半。

③ 去掉每一半卡片的中间部分，以便获得两个如图 2 所示的框架，分别命名为框架 A 和框架 B。

图 1

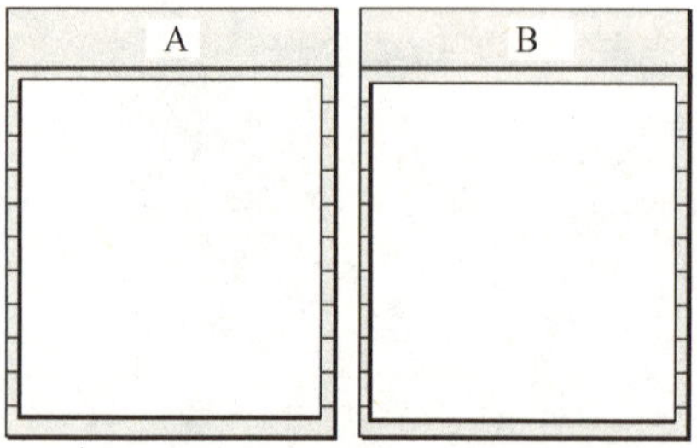

图 2

④ 把两个框架随意扔在图 1 上(别让两个框架重叠)。

⑤ 仔细研究框架 A 的轮廓平面图。估算一下框架内被植物覆盖区域的百分比。为了便于估算,想象一下把所有的植物移到框架内的一侧。植物会覆盖 25% 的面积吗?会覆盖 50% 吗?一旦你做出估算,把结果记录在数据表 1 中标为框架 A 和第一轮的那一栏里。

⑥ 在框架 B 中重复步骤⑤,并把估算结果记录在数据表 1 中标为框架 B 和第一轮的那一栏里。

4. 将步骤 2 和步骤 3 中的④和⑤再重复做两次。把估算结果记录在第二轮和第三轮的两列里。

5. 算出两个框架 3 轮的平均值,并且把结果记录在最后一栏。

6. 算出框架 A 和框架 B 的平均值。这就是你估算的植被覆盖比例。

7. 回答分析中的问题 2。

数 据 表 1

	第一轮	第二轮	第三轮	第四轮
框架 A				
框架 B				

8. 采用逐点计算法算出同一平面图里的植被覆盖比例。为此,你需要:

① 拷贝实验记录本里的数据表 2。留出空间以便在需要时可以向数据表内添加更多的数列。

② 在平面图内放一把米尺,米尺的摆放位置随意。

③ 用铅笔在平面图上每隔 2 厘米画一个点,注意你是否碰到了植物。如果碰到为命中,没有碰到为错过。在平面图上做这项工作时,如果碰到植物就在命中一栏画上对号,如果没有碰到则在错过一栏画上对号。

④ 用下列公式算出植被的百分比:

$$百分比=\frac{命中次数}{命中和错过之和}\times 100\%$$

数据表 2

	2 厘米	4 厘米	6 厘米	8 厘米	10 厘米	12 厘米	14 厘米	16 厘米	18 厘米	20 厘米	22 厘米
命中											
错过											

9. 根据你在本实验中学到的方法，编写一套算出你学校附近一块 1 平方米地方的植物覆盖比例的操作步骤。操作步骤应当包括：

① 材料清单

② 如何操作每一个步骤的说明

要确保操作步骤简洁易读，因为另一个实验小组也要用它来计算出你学校附近一块地的植物覆盖比例。

10. 写完操作步骤后，交给教师看一下。如果教师同意，那么就意味着你完成了本项实验的 A 部分，如果教师不同意，按照教师的建议进行修改，并把修改后的步骤再次提交给教师。

11. 回答问题 3。

实验步骤　B 部分

1. 跟随教师到户外。
2. 与另一个实验小组交换计算地面植物覆盖比例的操作步骤。
3. 按照步骤进行操作，并把数据记录在实验记录本里。
4. 回答分析中的问题 4 和问题 5。

分　析

1. 生态学家为什么要研究土壤上的植被？
2. 在 A 部分中，你认为哪种方法更正确，估算法还是逐点计算法？解释一下原因。
3. 在编写操作步骤时你遇到了哪些问题？你和你的实验小组成员是如何解决这些问题的？
4. 在操作另一个实验小组编写的步骤时，你遇到了哪些问题？你和你的同伴是如何解决这些问题的？

5. 仔细研究图 3。图 3 显示的是一根长样线，沿着样线有几个任意的检测点。

① 沿着样线有多少个检测点？

② 有多少个点命中？

③ 命中点的百分比是多少？要弄清楚这一点，可以使用下列公式：

$$命中百分比=\frac{命中数}{所有检测点}\times100\%$$

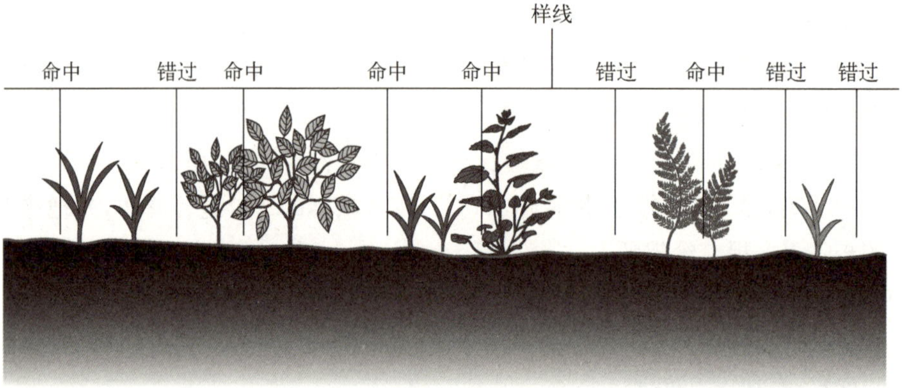

图 3

实验中将会发生什么？

生态学家和生态系统的管理人员会对植被进行例行监控，以便发现植被出现的早期问题并及时发出警告。例如，当一种进入森林生态系统的入侵植物的族群较小时很容易对付。有时，志愿者会一起携手，只要把入侵物种拔掉，本地的物种就不会受到威胁。

估算法和逐点计算法只是土地管理者对不想要的植物进行监控以及对想要的及稀有族群进行计数所使用方法中的两种。另一种方法为步点法，对草原和灌木丛尤其有用。在这种方法中，管理者用一个指南针在研究区域横着画一条直线，然后沿着这条线走。管理者在靴子上固定一根钉，也就是一个外侧突出的金属或者塑料。管理者边走边每隔一段距离计算一下步数和停顿数，每次停顿时，管理者把钉碰到的植物记录为命中，如果钉什么也没碰到，这次停顿就被记录为错过。一项更具挑战性的任务是测量分层环境里的植被，例如，在森林里，林冠可能会在观察者头上数米的地方，在这种情况下，行进中每一次停顿时，管理者必须既要仔细研究钉旁的植物，还要观察钉上方的所有生物。

与现实生活的联系

植物监控计划有助于生态学家发现并且除掉不想要的生物。在美国西部地区，生态学家曾对黄矢车菊的生长和蔓延进行了持续的监控。这种植物原产于地中海地区，19 世纪初被偶然引进到加利福尼亚州。今天，黄矢车菊已经入侵了加利福尼亚州、俄勒冈州以及华盛顿地区数百万英亩的草地。这种矮小、多刺的植物在没有植被覆盖的开阔的不毛之地长得非常茂盛，因此能够迅速占据养护不佳的草地。牛吃这种草，但这种草的营养成分不高，而且还会对马的神经系统造成损害，导致致命的咀嚼病。

对不想要的植物进行管理的策略包括：预防、阻遏和控制。预防指的是避免使其种子传播到非感染区，对黄矢车菊最简单的预防方法之一就是避免对草地进行过度放牧，如果当地植物的根没有被动物吃掉，那么黄矢车菊就不会形成一个族群。一旦不想要的族群发展起来，土地管理者就要对其进行阻遏。通常使用农药消灭这些野草，之后要对这一区域进行日常监控，防止野草再生。另外，毗邻感染区的地区也必须要进行日常监控。为了取得长期的效果，必须要实行控制计划，土地管理者必须继续监控长有野草的区域，一旦发现有野草就马上喷洒除草剂，并种植理想的本地植物以防止野草找到生长地。

想要了解更多吗？

参见附录中“我们的发现”。

实验4　叶面积影响初级生产力

题　目

叶面积会提供一个生态系统中植物生产力的有关信息。

简　介

在几乎所有的生态系统中，植物都是主要的生产者，是形成食物链基础的自养生物。植物的叶子含有一种能够捕捉太阳能的色素——叶绿素。叶绿素通过光合作用从二氧化碳和水汽中制造出葡萄糖。光合作用的方程式为：

$$6CO_2+6H_2O \rightarrow C_6H_{12}O_6+6O_2$$

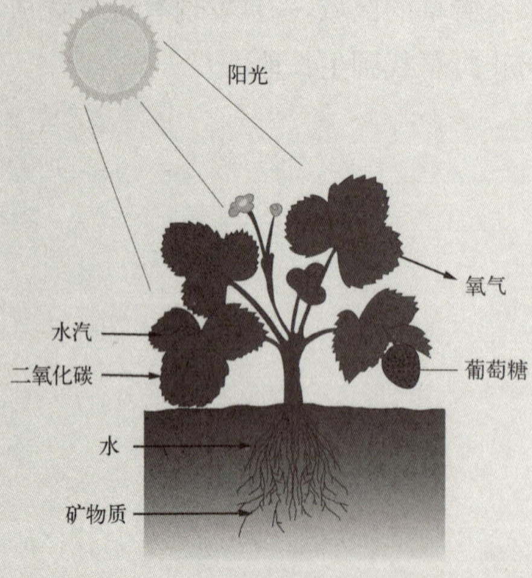

图1

植物通过气孔吸收二氧化碳和水汽进行光合作用，所需的矿物质和额外的水分通过根部吸收(图1)。葡萄糖的作用是维持生命活动或者形成生物体内复杂的分子，例如：碳水化合物、蛋白质、脂肪以及核酸。

生产者制造有用能源的速度被称为“初级生产力”。总初级生产力是指固定的二氧化碳的量，即通过光合作用从二氧化碳转化为葡萄糖所需的二氧化碳的量。其中一些葡萄糖被用来进行细胞呼吸,这是一个葡萄糖转化为能量维持生命活动的过程。细胞呼吸的方程式为:

$$6O_2 + C_6H_{12}O_6 \rightarrow 6CO_2 + 6H_2O$$

净初级生产力是初级生产力减去植物中细胞呼吸的消耗量之后的量。测量净初级生产力可以使你知道有多少无机化合物已被合成为有机物质可以为生态系统所利用。陆地生态系统的净生产力用物质/地区/时间作为测量单位,通常以每年每平方米的碳的克数来表示。

生态学家对净初级生产力很感兴趣,因为这有助于他们了解生态系统中二氧化碳的平衡情况。一种估算初级生产力的方法是计算生态系统的叶面积。在这个实验中,将对同一生态系统中的两种不同植物的叶面积进行比较,从而计算出生产力。

实验时间

65 分钟

实验材料

- 直尺
- 计算器
- 实验记录本

安全提示

请仔细阅读并遵守本书"实验前必读"中的"安全准则"。

实验步骤

1. 跟随教师到户外。

2. 选两种约同样大小的落叶植物。最好是选两种至少 0.6 米高但却不至于高到你看不见顶部的植物。比如你可以选一棵小橡树和一棵小山毛榉树，或者也可以选两种种在学校校园的灌木丛树。如果你不知道植物的名字，那就叫其中一个“A”，另一个“B”。

3. 数一下植物 A 上中等大小枝干上的叶子的数目，并记在实验记录本上。

4. 数一下植物 A 上的枝干数目，并记在实验记录本上。

5. 从植物 A 上摘一片中等大小的叶子，测量一下叶子的最大宽度和长度并把结果相乘，得出大致的叶表面积，把结果记录在实验记录本上(图 2)。

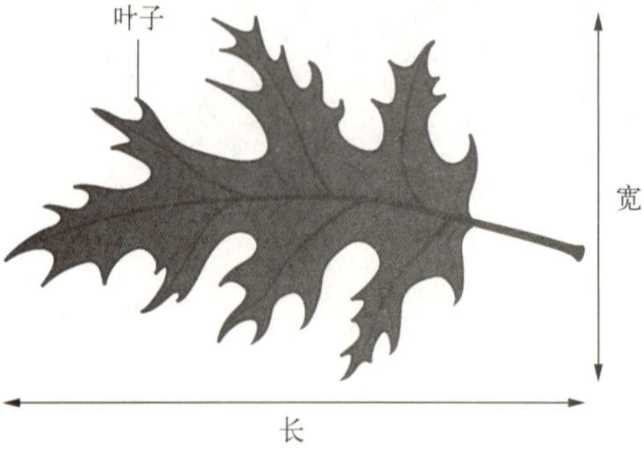

图 2

6. 算出植物 A 所有叶子的总面积，为此：

① 单片叶子的面积乘以一个枝干上叶子的总数。

② 一个枝干上的叶子数乘以这棵植物上的枝干数目。

把植物的叶总面积记录在实验记录本上。

7. 对植物 B 重复操作步骤 2—6。

分 析

1. 总初级生产力和净初级生产力有什么区别?

2. 光合作用和细胞呼吸是由植物进行的两种生物化学过程。哪一种过程消耗能量? 哪一种过程存储能量?

3. 科学家使用若干种方法来计算一株植物叶子的总面积。在直接方法中，植物的所有叶子都被摘下来进行测量，并且记录下每片叶子的表面积。这种方法的优点之一是什么? 缺点之一是什么?

4. 你认为干旱会对植物的生产力产生怎样的改变?

5. 你所测量的植物中哪一个：① 叶子最大? ② 叶子最多? ③ 叶面积最大?

6. 找出一种准确计算叶子面积的方法。

实验中将会发生什么？

能量在生态系统中流动，从初级生产者开始，流动到食草动物，然后流动到食肉动物。在陆地生态系统中，植物的叶子是进行光合作用的基本器官。在水生环境中，水藻扮演着这一角色。一些水藻是单细胞的，而其他的水藻则是大型的多细胞生物体。地球上所有进行光合作用的生物体仅仅能够捕捉并利用照射到它们身上的大约 0.06％的太阳能。生物用其中一些捕捉到的能量来维持自身的生命活动。初级消费者所能获得的能量只占可获得太阳能的总量的大约 0.06％。

科学家们已经计算出，绿色生物并不是非常有效的能量转化者，只有大约 2％照射在植物和藻类身上的太阳能被转化成葡萄糖。由植物合成的葡萄糖决定了生态系统中会有多少可用能量，因此也就限定了能够生存在那里的动物的数量。

与现实生活的联系

所有生态系统中的净初级生产力并不是都相同。影响生产力的因素包括二氧化碳、阳光和营养物质的获取量。图 3 显示的是地球上每种生态系统的净初级

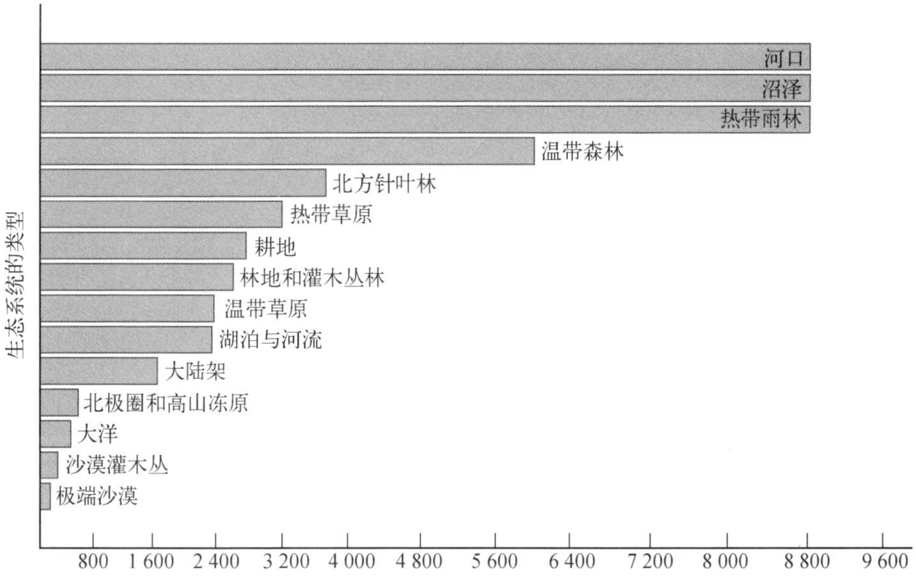

图 3　平均净初级生产力(千卡/平方米/年)

生产力。其中3种生态系统作为高生产者脱颖而出：河口、咸水沼泽和热带雨林。

图3表示的是生产力的模式随气候的不同而不同。最具生产力的生态系统位于湿润并有较高含量的必需养分——氮的相对温暖的地区。而生产力较低的生态系统，例如冻原和沙漠，则缺少热能和水。农业生态系统的生产力也是较高的，因为所需要的水可以通过灌溉来满足，而所需的养分则可以通过施肥来满足。自从地球上出现人类以来，自然生态系统经历了诸多变化。人类把森林改造成牧场和农田以满足自身需要。人类现在控制着陆地上大约40%的净初级生产力，这一现象被称为"人类对净初级生产力的占用"。在地球的历史上从未有其他任何一种物种会如此控制着空间和生物体的使用。这种控制的代价是污染、其他物种的消失以及全球变暖。

想要了解更多吗?

参见附录中"我们的发现"。

实验5　土壤生态系统中的多样性

题　目

土壤生态系统随水和养分的获取量及土壤情况的不同而不同。

简　介

所有的生物都有着相同的基本生存要求：食物、水和空间。大部分的大型生物还需要有氧气。土壤为数百万不同类型的生物提供了生存环境。生活在土壤中的生物与生活在地表上的生物有着相同的需求。

作为地表的居住者，人类可能还未意识到土壤中的生命对人类的许多好处。与地表生物相比，土壤的生物拥有相对稳定温和的气候，它们可以免受极端气温、太阳辐射、干燥和风的危害。而另一方面，地下的生活也并非完美，土壤中的生物也面临一些问题，例如，土壤提供的空间十分有限，难以活动。

土壤在矿物成分构成以及孔隙空间方面差别巨大，因此会提供各种不同的生物栖息环境。土壤中有大量的细菌，包括有氧菌和无氧菌。单细胞生物也很多，其中最常见的一些是无脊椎动物，即一种没有脊椎的数量巨大的动物。人们熟知的土壤中的生物蚯蚓就是无脊椎动物。它们在土壤中打洞，食用死亡的有机物质并排泄出无法消化的微粒。螨虫、蜗牛、蛞蝓、昆虫的幼虫以及甲虫只是其他几种土壤中的动物(图1)。另外，植物把根深深地扎入土中，既起到固定作用又能够获取水分和矿物质。真菌会在

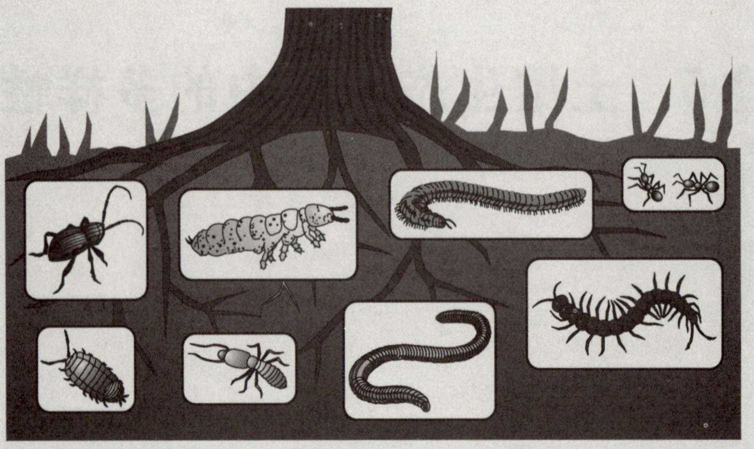

图 1　土壤中居住着各种生物

土壤中，尤其是在死亡的有机物非常丰富的地区的土壤中伸展出微小、如线一般的细丝。

土壤微粒间的空间大小，也就是孔隙空间，决定着生物能有多大的生存空间。孔隙空间还影响着氧气和水分的获取量。大部分土壤生物都是待在孔隙空间里的。因此，孔隙空间的大小决定着哪些生物能生活在这块地里。在本实验中，你将考察 3 处地方的土壤，然后开展一项实验，收集并且考察每个地点的土壤生物。

实验时间

A 部分为 45 分钟
B 部分为 65 分钟

实验材料

- 铁铲
- 直尺
- 纸杯

- 电子秤或三杆式天平
- 刻度为 100 毫升的量筒
- 称量船
- 漏斗
- 无脊椎动物陷阱
- 洗碗盆
- 镊子
- 采集瓶
- 约 200 毫升的乙醇
- 解剖显微镜或者放大镜
- 小土壤取样器
- 水
- 实验记录本

安全提示

请仔细阅读并遵守本书“实验前必读”中的“安全准则”。

实验步骤　A 部分

1. 跟随教师到几处有各种不同土壤的户外地区，在每一处地点：

① 测量土壤的湿度。为此，向地面下挖大约 5 厘米，然后取一捧土，用手挤压这些土壤，弄成一个球形。松开手看一下土球是否能保持完好无损。如果是这样，土壤就是湿润的。如果几分钟后土球散开了，土壤湿度中等。如果土球马上松散，那么土壤就是干燥的。把土壤湿度情况记录在数据表 1 里。

② 确定土壤的温度。小心地把土壤温度计插入地下大约 5 厘米深，1 分钟后，读取温度并把温度值记录在数据表 1 里。

③ 观察土壤的颜色。在数据表 1 里描述土壤的颜色。

确定土壤芯样本的密度。通常，夯实土比松散的土壤密度大，用土壤取样器采集土壤样本，并放在纸杯里。回到教室后，用刻度量筒称出 100 毫升的土壤，把称好的土壤倒入称量船，然后算出土壤的重量。使用下列公式计算。

土壤的密度：

$$D=\frac{m}{v}$$

D 是密度，m 是质量，v 是容量。

在数据表 1 里记录下密度。

数据表 1

	湿 度	温 度	颜 色	密 度	其 他
地点 1					
地点 2					
地点 3					

2. 回答分析中的问题 1 和问题 2。

实验步骤 B 部分

1. 根据由所采集的土壤得出的信息，提出一个假设：3 处地点的土壤中哪个会有更多种类的无脊椎动物。在实验记录本中写下你的假设。

2. 设计并开展实验来验证你的假设。你可以使用教师所提供的任何材料，但是不必使用全部。

3. 在进行实验前先要确定要做什么。在数据表 2 里写下你计划采用的实验步骤以及打算使用的材料。把实验步骤和材料清单拿给教师看。如果你的教师认可，就可以继续实验。如果不认可，则需要修改你的步骤和所用材料，并再次让教师过目。

4. 计划一旦得到教师的许可，把所需材料收集在一起并开始进行实验。

数据表 2

实验步骤	

续 表

材料清单	
教师的许可	

5. 收集你所设计的数据表上的结果。
6. 回答分析中的问题 3—6。

分 析

1. 土壤中的无脊椎动物需要什么来生存？
2. 根据 A 部分的考察结果，你认为 A、B、C 三处地点中哪个地点的土壤里生活的无脊椎动物的种类最多并解释原因。
3. 你在每一处是如何收集无脊椎动物的？
4. 你的假设结果证明是正确的还是错误的？
5. 描述一下在土壤样品中发现的其中 3 种最常见的生物。
6. 根据实验，哪个地点的生物多样性最大？

实验中将会发生什么？

在本实验中将考察 3 处不同地点的土壤和生物。每个地点的土壤压实程度都不同。当土壤微粒被紧压在一起时，土壤的孔隙空间减少（图 2），就会出现土壤压实现象。在行人很多的小路，牲畜生活的地方，或者自行车、摩托车、汽车以及其他车辆日常经过的地方，都会出现土壤压实现象。

通过收集和考察土壤中的生物，你会发现，在高压实土壤，即高密度土壤中要比疏松的土壤中生活着更少的生物。其中的原因是多方面的，当土壤微粒紧压在一起时，几乎没有多少含氧的空气可以在土壤里流通。而且，水也不易渗入到土壤中。然而，一旦土壤间的空隙里渗满了水，则需要很长时间才能排干。与

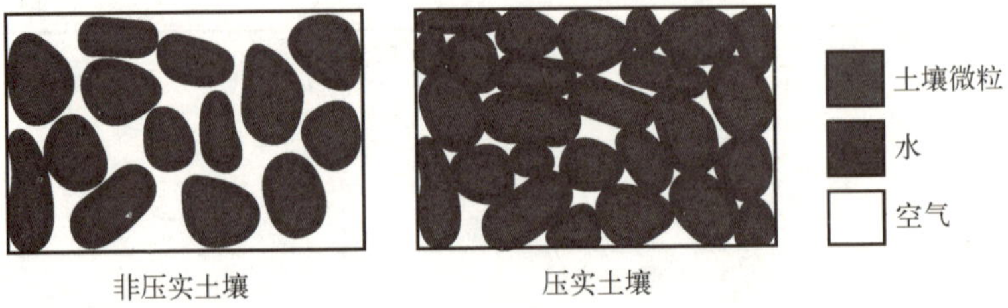

图 2

在疏松的土壤里相比，植物的根系必须使出更大的力量才能扎入压实的土壤，压实的土壤会导致一些植物无法生存。

与现实生活的联系

土壤是经过岩石和矿物的风化而形成的。由于暴露在水、风以及变化的气温之下，所以岩石会分裂。水和二氧化碳结合形成碳酸，这是一种活性化合物，能加速岩石的风化。最终，风化产生了小微粒，小微粒或者留在原处或者被风带到新的地方。

一旦岩石分裂成疏松的物质，植物就出现了，然后以多种方式加速土壤的形成过程。植物的根能使岩石产生空隙，并且有助于岩石和矿物碎裂。植物的根获取了土壤深处的矿物质并把它们带到地表。通过光合作用，植物把二氧化碳和水汽转化成碳化合物，其中一些化合物成为土壤的一部分。最后，碳化合物被真菌和土壤中的微生物所分解。其他植物成为小型动物的食物，当它们在食用这些植物时，会产生代谢废物并进入土壤中。而且，生物的尸体也最终成为土壤的一部分。由有机物质构成的那部分土壤叫作腐殖质。土壤是作为大多数食物链的基础的矿物和有机物质之间的重要链接。

想要了解更多吗?

参见附录中“我们的发现”。

实验6　食物网

题　目

植物捕获的能量传递给生态系统里的其他生物。

简　介

地球从太阳接收了大量的辐射能。然而，许多生物(包括动物和真菌)都无法利用这些太阳能。植物和其他含有叶绿素的生物是唯一能够通过光合作用把太阳能固定住的生物。通过固定能量，植物把太阳辐射转化成葡萄糖和以其他化合物形式存在的化学能。植物捕获和存储的能量在“食物链”中传递给其他生物。一个食物链表示的是由箭头联系起来的一系列物种。箭头的方向表示哪种物种成为另一个物种的食物。在图1所示的食物链中，草成为昆虫的食物，而昆虫则成为鸟的食物。

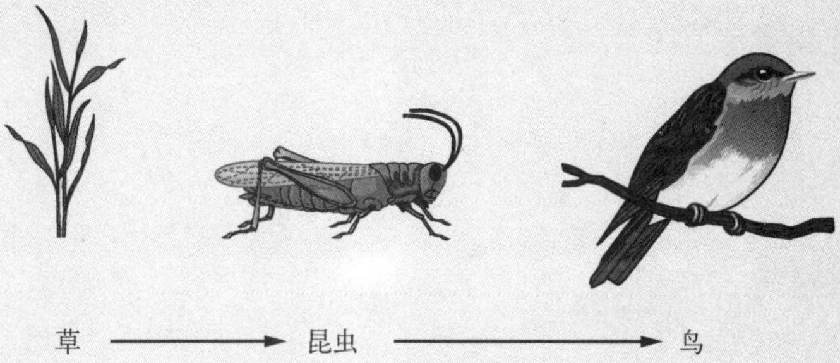

图1

大家都知道，昆虫不仅仅以草为食，鸟类也食用多种生物。在一个生态系统中，能量的消费者共享资源，尤其是共享“生产者”。草为各种生物提供食物，其中一些生物吃叶片，其他生物则以叶子的茎、根或者种子为食。食物网表示的是一个生态系统里所有的饮食关系。

食物网具有几个基本的组成成分：生产者、初级消费者、次级消费者、三级消费者以及分解者。食用生产者的生物被称为初级消费者或者食草动物。这组生物包括鹿、兔子、松鼠。食草动物对植物纤维物质具有特殊的适应性。一些食草动物有专门的磨牙，而其他一些动物则有复杂的胃、非常长的肠子，或者消化系统中具有能够分泌消化葡萄糖酶的细菌。食草动物被次级消费者即食肉动物所食用，食肉动物已经适应了其肉食者的角色，老鹰有锋利的用于捕猎的爪子，哺乳动物中的肉食动物有用来撕裂肉的锋利的牙齿，并且没有几颗磨牙。

并非所有的消费者都只分成这两组。一些消费者既食用植物也食用动物。杂食动物是以动物和植物两种营养为食的生物。一些杂食动物还充当着食腐动物的角色，即以死亡的植物和动物为食的动物。土狼吃小动物，但也吃腐食、水果和浆果。对许多杂食动物来说，饮食习惯随季节变化和所能获得食物的不同而发生变化。

食物链中最后一层是由分解者构成的。这些生物分解死亡组织和尸体废物，然后把它们转换成其他生物可以利用的营养成分。细菌和真菌是在大多数食物链中都能找到的两种分解者。在本项实验中，你将分析几种草原食物链，并用这几个食物链建立一个食物网。

实验时间

55 分钟

实验材料

- 剪刀
- 实验记录本

安全提示

请仔细阅读并遵守本书“实验前必读”中的“安全准则”。

实验步骤

1. 用剪刀剪下图 2 中的生物和箭头，暂时放在空盒子里。

2. 通过互联网或参考书研究图 2 中的动物是以什么为食的。

3. 在书桌上把生物摆放成 5 种不同的食物链。把每个食物链的营养层用箭头连接起来。箭头应当指示出能量在这条食物链中的流动方向。食物链可能会包含 3 种或 4 种生物(不应当有生物剩下)。如果有必要，可以再另外画几个箭头。

4. 回答分析中的问题 1 和问题 2。

5. 把 5 条食物链重新摆放成一个大型食物网。

6. 在空盒子里，画出并且命名两种分解者。

7. 把分解者加到你的食物网里。如果有必要，再画一些箭头。

8. 回答分析中的问题 3—9。

分　析

1. 哪种生物成为每条食物链的基础?

2. 能量在食物链中是朝什么方向流动的? 是从消费者到生产者还是从生产者到消费者?

3. 根据你对食物链的了解，画一个水生食物链，要求包括下面数据表的生物：

数　据　表

浮游动物	海豹
鲸鱼	大鱼
小鱼	浮游植物

4. 在你为问题 3 所画的食物链中有多少个营养级?

5. 在第 5 个步骤中你向食物网里加入了哪两个分解者?

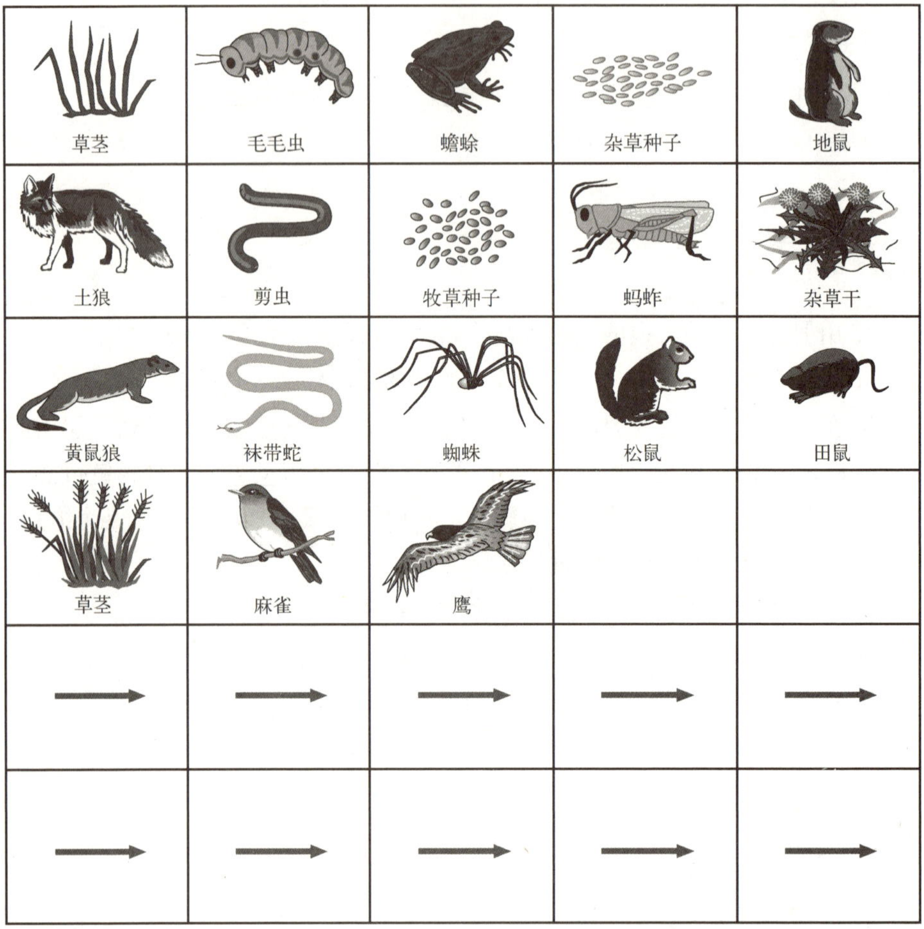

图 2

6. 食物网为什么需要分解者？

7. 生产者在食物链或食物网中的作用是什么？

8. 在本次实验中所创建的食物网中不包括任何食腐动物。食腐动物在生态系统中的作用是什么？

9. 将你创建的食物网中的生物进行分类：

① 生产者

② 初级消费者

③ 次级消费者

④ 三级消费者

实验中将会发生什么？

两种主要的食物链是放牧食物链和腐质食物链。腐质是死亡的有机物质。放牧食物链中的一些初级消费者包括鹿，即在草地上觅食的麋鹿、吃草的兔子以及吃叶子的蚂蚱。尽管这些都是最明显的食物链，但是它们并非是最普遍的。腐质食物链成为大多数能量得以流动的渠道。在大草原上，大约 3/4 的植物会重新回到土壤中，在那里逐渐腐烂。另外，食草动物消耗的大量植物作为粪便也返回到土壤中。

在腐质食物链里，吃死亡植物和动物的生物被称为“食腐动物”或者“食碎屑动物”。初级食腐动物是微小的细菌和真菌。千足虫、螨虫、蚯蚓、蛞蝓以及蟋蟀是一些无脊椎动物的食腐动物。这些动物被其他一些肉食动物所食，如：蜘蛛和甲虫。宏观食腐动物和微观食腐动物互相帮助。宏观食腐动物把物质撕成几大块，使微生物和真菌得以利用。微观食腐动物消化有机物质并把它们集中成为较大的微粒，以便宏观食腐动物食用。在食用这种食物后，较大的生物产生了粪粒，粪粒被微小生物群落所食用。

与现实生活的联系

食物链表明生物体间的食用关系。食物链的每一个步骤表示一个营养级。例如，以植物为食的动物表示一个营养级，吃其他动物的动物表示另一个营养级。许多动物因为食物供给不同而食用多个营养级。

当一种生物食用另一种生物时，它就获得了维持生命所需的能量。作为大多数食物链基础的植物能够把照射在它们身上大约 1%的太阳能转化为存储的能量或食物。当食草动物——例如老鼠在吃植物时，老鼠仅仅吸收了最初由植物存储能量的大约 10%。植物在进行呼吸时消耗了大量的能量。另外，能量以热的形式散失到植物周围的环境中。当黄鼠狼吃老鼠时，黄鼠狼仅仅获取老鼠能量的 10%。因此，如果老鼠消耗 1 000 千卡的来自植物的能量，那么黄鼠狼只能获得 100 千卡的能量。最终，食物链中所能获得的能量很小，不足以供养更多的生物。

想要了解更多吗？

参见附录中“我们的发现”。

实验7 生物群落学习中心

题目

生物群落是指具有一定特征的气候、植物和动物的区域。

简介

你生活在一个生物群落里，一个由于气候和地理原因而具有明显特征的区域。生物群落的其中两个最基本的决定性因素是气温和降水量。气候决定着所能生存的植物和动物的种类。主要的陆上生物群落有沙漠、冻原、针叶林、温带落叶林、温带草原、热带草原、温带雨林、热带季雨林以及热带雨林。图1表示的是陆地生物群落的年平均温度和年平均降雨量。

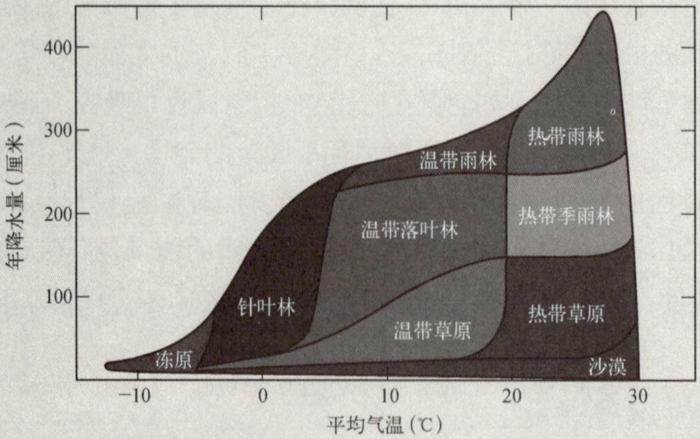

图1 生物群落的年均气温和降水量

在每个生物群落里都有一些共享空间和资源的独特生物。因为生物和环境是互相联系的，生物群落中任何一方的改变都会影响其他所有部分。在这项实验中，你将成为一个生物群落中非生物和生物方面的专家。你要用你的专长建立一个整个班级都可以共享的学习中心。

实验时间

A 部分为 55 分钟
B 部分为两个 55 分钟
C 部分为 45 分钟

实验材料

- 互联网上或书上有关生物群落的信息
- 打印机(可选)
- 艺术用品(例如：纸板、建筑用纸、涂料、胶水、记号笔、卷尺、纱线、黏土)
- 直尺
- 剪刀
- 纸板箱
- 3 倍大小的展示板
- 实验记录本

安全提示

请仔细阅读并遵守本书“实验前必读”中的“安全准则”。

实验步骤　A 部分

1. 两三个人为一组，通过互联网或书籍查询有关生物群落的知识，研究教师分配给你的生物群落，尽可能多地了解有关这个生物群落的信息，并把发现结果记录在实验记录本里。尤其应当记下下列一些细节：

① 这个地区的气候和天气

② 这个地区的植物和动物

③ 有多少植物和动物适应这个生物群落

④ 这个生物群落的地理位置

⑤ 这个地区的地形类型

⑥ 这个生物群落的海拔

把你的发现结果记录在实验记录本里。

2. 列出这个生物群落的一些地理位置，并在图 2 的世界地图上涂上颜色。

3. 画出或打印出更多显示这个生物群落的动植物和景观的图片。

实验步骤 B 部分

1. 与你的小组成员一起建立一个生物群落展览，作为你班级同学的学习中心。这个学习中心应当有趣、吸引人，并且能够提供准确的教育资料。所有所需信息必须以一种其他同学易于学习的方式展示出来。同学们将利用你们的展览来回答问题。

2. 这个数据表包含一个说明，表明了这个学习中心的要求和通过满足这些要求你所能获得的积分。在开始建立学习中心之前仔细研究这个说明。注意：这个学习中心必须包括下列一些内容：

① 有关这个生物群落中生物及非生物因素的书面描述

② 显示一年以上的气温（单位为℃）和降水量（单位为厘米）的图表

③ 带有插图的常见动植物的清单

④ 对这个生物群落里动植物适应性的说明

⑤ 表明这个生物群落里饮食关系的食物网

⑥ 一张表明能量是如何在这个生物群落里传递的能量金字塔表

⑦ 由你的同学来完成的词汇活动

3. 在开始建立学习中心前仔细阅读分析问题。确保你的学习中心能够回答所有与你们的群落相关的问题。

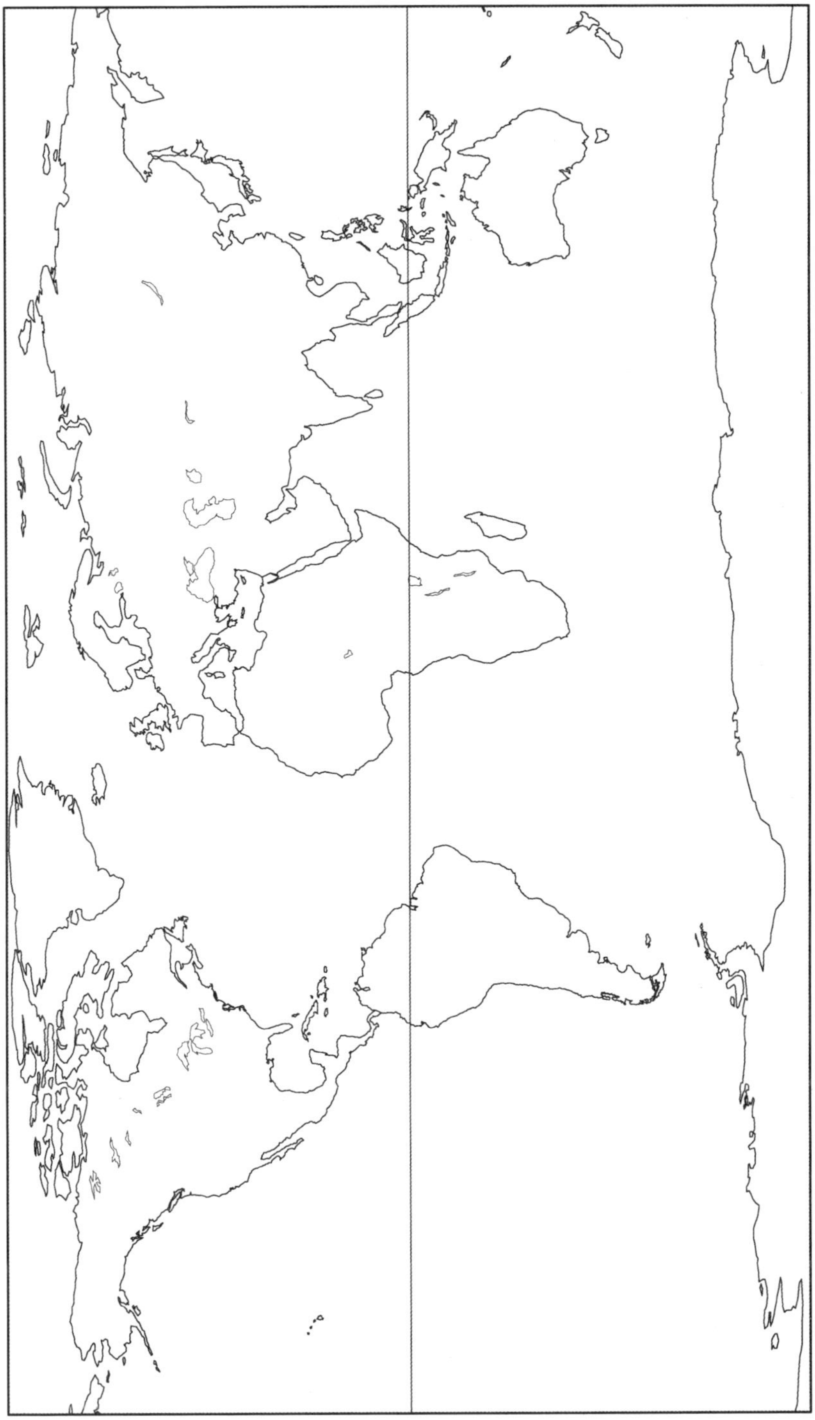

图 2　世界地图

数 据 表

小组成员姓名____ ____ 生物群落的名称______________________________________		
要 求	可获得的积分	所获积分
有关这一生物群落中生物及非生物因素的书面描述(最少 200 字)	20	
显示 1 年内每月平均降水量的图表	8	
显示 1 年内每月平均气温的图表	8	
这一生物群落里常见动物的清单(至少 10 种),至少两种动物的图片	8	
这一生物群落中常见植物的清单(至少 10 种),至少两种植物的图片	8	
植物和动物对这一生物群落适应性的说明	8	
表明至少 5 种植物和 5 种动物的饮食关系的食物网	8	
用动植物的名称建立一个生物群落的能量金字塔表,塔图上标有生产者、初级消费者、次级消费者、三级消费者	8	
包含至少 15 个重要的生物学词汇的词汇活动,例如:字谜游戏、词汇配对游戏	8	
生物群落展览具有吸引力	8	
生物群落展览整洁有序	8	
总分	100	

实验步骤 C部分

1. 参加每一个生物群落学习中心,并对其进行评价。按照学习中心建立要求进行评价,完成评价后,把学习中心建立要求交给教师。

2. 以学习者身份参观每一个生物群落学习中心。阅读提供的相关信息,研究相关图片,完成词汇活动。

3. 回答分析中的问题。

分 析

1. 冻原地带的生长期有多长?
2. 北极冻原和高山冻原有何区别?
3. 就降水量而言,冻原与其他什么生物群落最相似?
4. 冻原地带的土壤有何独特之处?
5. 要想在寒冷的气候中生存下来,冻原地带的动物具有哪些适应性?
6. 冻原地带有哪些占优势的植物?
7. 描述一下生长在针叶林带的树木的叶子。
8. 在针叶林带一年有多少个月的平均气温在冰点以下?
9. 最大的生物群落是什么?
10. 哪个生物群落四季分明?
11. 哪个生物群落在降水量方面仅次于热带雨林?
12. 为什么落叶林的叶子在秋天会落?
13. 是什么造成了四季的变化?
14. 除了温度,热带沙漠和寒带沙漠的主要区别是什么?
15. 说出北美洲的 4 个主要沙漠。
16. 世界上最大的沙漠是什么?
17. 沙漠动物是如何忍受酷热的?
18. 为什么白天沙漠的气温极高,然而到了夜晚,沙漠又变得很凉爽?
19. 一个森林必须位于哪两个回归线之间才能被称为热带雨林?
20. 在美国的哪个地方能发现热带雨林?
21. 热带雨林和温带雨林的主要区别有哪些?
22. 在美国发现的 3 种类型的草原是什么?
23. 哪种食草动物曾在美国的大草原上占据优势?
24. 唯一没有草原的大洲是哪一个?

实验中将会发生什么?

生物群落主要是由其占有统治地位的植物所确定的。草原拥有具有草原特色的草，温带落叶林被树木覆盖，沙漠里生长着仙人掌和其他耐旱植物。每个生物群落里的生物多样性都是由一些非生物因素决定的，例如水、营养和光。一般来说，温暖湿润的生物群落比寒冷干燥的生物群落拥有更大的生物多样性。

通过对在不同地域生活的相同的生态群落进行比较，能看出它们对自身生态位的适应性。例如：所有的草原都很相似，因为它们都有大量的草，捕食者捕食时几乎没有藏身之所。这些地区适合大型有蹄类食草动物的生存。这是一种长着蹄子和长腿的动物，可以逃脱捕食动物的追捕。在北美洲，草原上生活着野牛和麋鹿；在非洲生活着斑马和瞪羚。这些具有相似适应性的不同动物表明，环境决定着栖息在这里的生物的特征。

与现实生活的联系

由于人类对世界气候的影响，生物群落正发生着变化。在过去的 10 年间，科学家们注意到，北极冰川正在加速融化。此外，北极地区的浮冰也正在缩减，目前处于历史最低水平。研究人员认为，海洋冰川的丧失是由于北极地区的大气压力模式发生变化以及由于温室气体排放的增加而导致的气候变暖造成的。全球变暖会引发一系列的变化，从而影响到海洋。

阳光对液态水和冰具有不同的影响作用。冰会反射太阳能，但是液态水则吸收太阳能，变得更加温暖。随着北极地区的水持续变暖，它会以超过正常的速度使冰融化。这种积极的反馈系统导致更多的冰融化以及水的进一步变暖。如果这种情况继续下去，一些科学家们担心，海洋深层的水温会发生改变，这将影响到全球的气候。科学家们在过去的 50 年里一直对海洋结冰的厚度进行监控。冰似乎以每年 10%的速度在消失。

冰川融化的一个恶果就是，冰上动物的栖息地消失了。北极熊捕猎、捕鱼、交配，甚至生儿育女，都是在冰上。随着冰的消退，北极熊将不可能再以正常的方式生活，结果，许多北极熊溺死在海中或者被饿死。

想要了解更多吗？

参见附录中“我们的发现”。

实验 8　表面积影响体温

题　目

动物身体的大小和重量会影响新陈代谢的速度以及体温。

简　介

在生态系统中，热是非常重要的非生物因素。所有的生物都与周围环境交换热能。生物吸收来自太阳的辐射能或地球表面反射的热量(图 1)。此外，生物由于新陈代谢活动也会丧失热能。

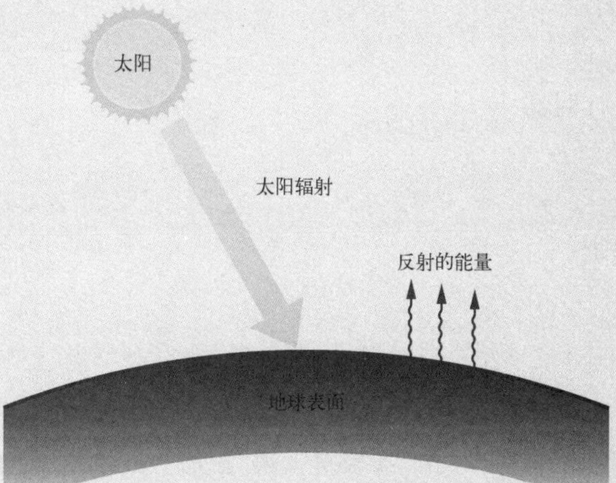

图 1

根据动物处理身体热能的方式，可以把动物分成两大类：冷血动物和温血动物。冷血动物的体温依赖周围的环境——鱼、两栖类动物、爬行类动物以及昆虫都属于冷血动物。温血动物能够自己产生热量。人类以及其他哺乳动物和鸟类都属于这一类。温血动物的高体温使它们不受环境温度的影响而保持活跃。温血动物必须消耗大量的能量来维持自身基本的新陈代谢。身体的大小是影响新陈代谢速度的一个因素。在这个实验中，你将确定身体大小是如何影响热量丧失的。

实验时间

45 分钟

实验材料

- 250 毫升的烧杯
- 150 毫升的烧杯
- 50 毫升的烧杯
- 3 支温度计
- 热水
- 钟表或者计时器
- 坐标纸
- 彩色铅笔
- 实验记录本

安全提示

请仔细阅读并遵守本书“实验前必读”中的“安全准则”。

实验步骤

1. 把 3 个烧杯灌满温水。

2. 在每个烧杯里插入 1 支温度计。

3. 在数据表 1 中记录下每个烧杯的起始温度。

4. 回答分析中的问题 1 和问题 2。

5. 两分钟后，查看并再次记录下 3 个烧杯的温度。

6. 在 14 分钟内连续每两分钟查看并记录下温度。

7. 画出一条线比较在 14 分钟内温度发生的变化。时间以分钟为单位放在 x 轴上，变化程度放在 y 轴上。用不同颜色的彩笔记录每个烧杯的温度。

8. 回答分析中的问题 3—7。

9. 为了有助于调整热量散失到周围环境的速度，一些温血动物拥有保温系统。例如，鸟类有帮助保住身体附近空气的羽毛，从而可以保温。许多哺乳动物都有毛皮，毛皮同样起着保温的作用。生活在非常寒冷气候里的哺乳动物还有帮助保持身体热量的脂肪层。设计一项实验，确定在帮助保持体温方面哪个最有效：羽毛、皮毛或者是脂肪？在数据表 2 里记录下你的实验。确保你的实验包括下列内容：

① 假设

② 材料清单

③ 实验步骤（包括准确、详细的步骤说明）

记住，除了你想要验证的那个量之外，要控制所有的变量。

数据表 1

	250 毫升烧杯	150 毫升烧杯	50 毫升烧杯
开　始			
2 分钟			
4 分钟			
6 分钟			
8 分钟			
10 分钟			

续 表

	250 毫升烧杯	150 毫升烧杯	50 毫升烧杯
12 分钟			
14 分钟			

数据表 2

你的假设	
材料清单	
实验步骤	

分 析

1. 你认为哪一个烧杯凉得最快？请说明原因。

2. 在这个实验中，哪个烧杯表示：

① 大型动物

② 中等大小的动物

③ 小型动物

3. 根据实验结果，你对问题 1 的推测正确吗？

4. 用自己的话解释一下身体大小和热量散失的关系。

5. 动物是从哪里获得进行基本新陈代谢所需要的能量的？

6. 你认为按照体重来说哪种动物每天吃的食物最多，小型动物还是大型动物？为什么？

7. 说一下在你所设计的实验中要控制的变量。

实验中将会发生什么？

在这项实验中，用一个大烧杯表示一种大型动物，小烧杯表示小型动物。绘出的图表明，动物越小，热量散失得越快。这一结果与现实生活非常相像，因为随着体重的增加，新陈代谢速度将会降低。例如，双倍体重会使新陈代谢速度降低75%。反过来也是如此，动物的体重越小，新陈代谢的速度越快。因此，小型动物每个体重单位需要比大型动物吃掉更多的食物。地鼠是一种生活在落叶层的小型哺乳动物，每天要吃掉相当于自身体重的食物(图2)。为了填饱肚子，这些动物大部分时间都是在寻找食物。如果一个45.4千克的未成年人具有同样的新陈代谢速度，他每天必须吃掉45.4千克的食物。科学家们计算出，最小的温血动物仍需大约5克的能量。

图2　地鼠是一种小型的温血动物

与现实生活的联系

因为冷血动物不用维持恒定的体温，所以它们不需要像温血动物那样吃那么多的食物。因此，冷血动物的身体可能会非常小，当蜥蜴或两栖动物在休息时，它只需要同样大小的哺乳动物所需能量的大约15%。因此，冷血动物比温血动物花更多的时间在休息，更少的时间去觅食。

冷血动物具有一些调节体温的行为技巧。两栖动物、爬行动物以及昆虫会趴在阳光下取暖。如果体温太高了，这些动物就会转移到阴凉处。在夏季，这些冷血动物通过在温暖和凉爽的地方来回移动把体温维持在相对稳定的状态。生活在热带地区的爬行动物会通过抬高或者降低自己的身体来控制它们周围的空气流动。此外，一些物种会在土壤下打洞以避免太阳的照射(图3)。

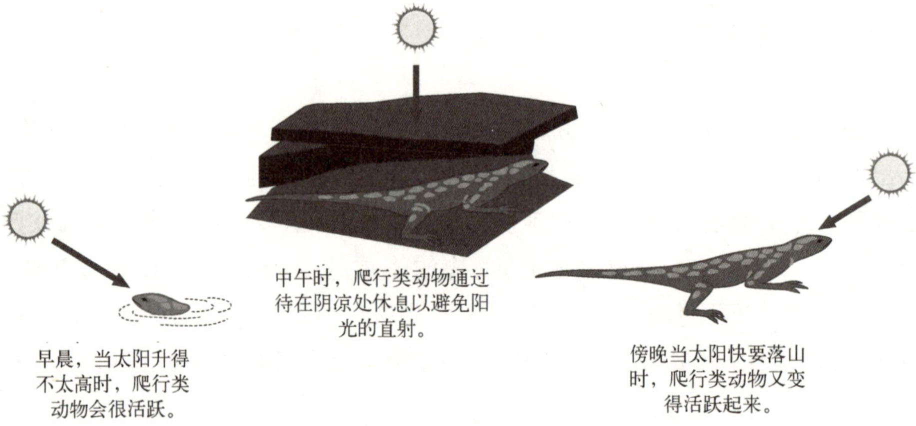

图 3　蜥蜴具有调控体温的行为适应性

想要了解更多吗？

参见附录中“我们的发现”。

实验 9　捕食者与猎物的数量

题　目

猎物数量的变化会影响捕食者的数量。

简　介

在生态系统中，能量沿着食物链从生产者向初级消费者和次级消费者传递。被其他动物捕杀吃掉的动物叫做猎物。捕杀并且食用其他动物的动物叫做捕食者。

猎物和捕食者数量的多少呈现出具有特点的波动。一个多世纪以前，居住在加拿大为哈德逊海湾公司工作的毛皮商开始记录动物的数量。从那时起，生态学家们一直在继续着他们的这项工作。图 1 显示的是雪兔和

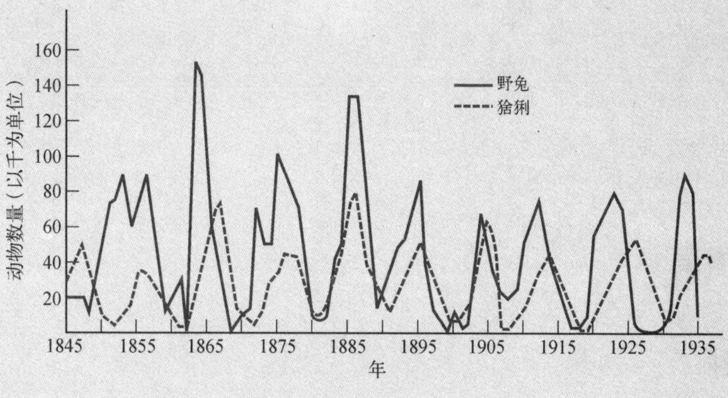

图 1　猞猁和野兔的数量(1845—1935)

猞猁这一对猎物和捕食者数量的变化图。

图 2　加拿大猞猁

图 2 所示的加拿大猞猁几乎完全以雪兔为食。猞猁是一种中等大小的猫，外形像山猫，但有着更长的腿。猞猁的生活范围遍及加拿大全境以及美国北方的 14 个州，其中包括：华盛顿、俄勒冈、威斯康星及纽约。这些行踪隐秘的动物喜欢老龄林，因为老龄林有大量因自然原因被击倒的树，可以作为它们的藏身之所。

之所以叫它雪兔(图 3)是因为它长着一双巨大的后脚可以使自己免于陷在雪中。雪兔在冬季长着白毛，而在夏季则变成斑驳的棕色，这样可以使它在每个季节都能与周围的环境融为一体。雪兔的耳朵尖处全年都有一撮醒目的黑毛。雪兔的耳朵不像其他兔子的耳朵那样长，这种适应性可以防止身体热量的散失。在本项实验中将要弄清楚雪兔数量的变化是如何影响加拿大猞猁的数量的。

冬天　　夏天

图 3　雪兔

实验时间

55 分钟

实验材料

- 6 张索引卡
- 1 小盒牙签
- 坐标纸
- 彩色铅笔
- 实验记录本

安全提示

请仔细阅读并遵守本书“实验前必读”中的“安全准则”。

实验步骤

1. 在这个实验里，牙签代表雪兔，从索引卡上剪下的方块代表猞猁。

2. 用剪刀把 1 张索引卡剪成 20 个方块(猞猁)。

3. 把桌面当作雪兔和猞猁的栖息地。在桌上随意放 6 只雪兔(牙签)。把数据表复制在实验记录本上，留出空间以便增加内容。雪兔和猞猁的初始数量在数据表中列出。

4. 第一轮实验从猞猁开始。闭上眼睛，把 1 只“猞猁”扔在桌子上。

① 如果这张卡片击中 1 只雪兔，那么这只雪兔就被猞猁吃掉了。结果，猞猁生存下来，并且有了 1 个后代。为了表示这个结果，拿掉 1 根牙签，捡起那只猞猁卡片以及代表其后代的卡片。所有留在桌面上的雪兔都要繁殖并且都有两个后代，为桌面上的每根牙签再增加两根新牙签以表示这一结果。

② 如果卡片没有击中雪兔，那么猞猁就将不能生存或者繁殖。把猞猁卡片放回原处，所有的雪兔将繁殖并且都将拥有两个后代，为桌面上的每根牙签再增加两根新牙签以表示这一结果。

当第一轮实验结束时，在数据表里标题为“第一轮”那栏中记录下雪兔和猞猁的数量。

5. 闭上眼睛，向桌面上投掷猞猁卡片。按照同样的规则：如果猞猁击中雪兔，猞猁繁殖，雪兔死亡。所有没有被猞猁碰到的雪兔都拥有两个后代。在数据表中记录下雪兔和猞猁的数量。

6. 步骤5一共进行10轮。把索引卡剪成更多小方块以满足需要，继续投掷猞猁。

7. 把数据表上收集的数据绘制成曲线图，在 x 轴上标出轮（表示时间），在 y 轴上标出生物的数量。用两种不同颜色的笔标出猞猁和雪兔的数量。

数 据 表

	雪　兔	猞　猁
开　始	6	1
第一轮		
第二轮		
第三轮		

分 析

1. 研究图1，图1显示的是1845—1935年间猞猁和雪兔的数量。回答下列问题。

① 1845年猞猁的数量是多少？

② 同一年雪兔的数量是多少？

③ 1852年猞猁的数量是多少？

④ 同一年雪兔的数量是多少？

⑤ 一般来说，当雪兔的数量最大时，猞猁的数量是大还是小？

2. 在这个实验中，当雪兔数量很少时，猞猁总能找到食物吗？请解释原因。

3. 在这个实验中，捕食者的数量是如何影响猎物的数量的？

4. 根据实验结果，给"捕食者—猎物循环"下一个定义。

实验中将会发生什么？

从传统意义上来说，捕食者和猎物之间的关系指的是食肉动物以食草动物为食。然而，这种关系也适用于食草动物食用生产者或者寄生虫及其宿主。长期以来，捕食者的数量随着猎物的数量而发生变化，因此如果猎物的数量减少，捕食者的数量也会减少。在猎物数量的变化与捕食者对这种变化作出的反应之间总是存在一个时间差，因此，这个循环不是正好同步的。

捕食者并不总是以一种猎物为食，如果真的是这样的话，捕食者很可能会把那一物种吃光，接着会饿死。大多数时候，有好几种生物可以作为位于食物链上端附近动物的猎物。人们都知道，在自然界中，如果没有野兔，猞猁则会以老鼠、田鼠和鸟类为食。

与现实生活的联系

尽管有周期性的波动，但捕食者和猎物的数量通常很稳定，当猎物不再有任何捕食者时，捕食者和猎物之间关系的平衡价值就会显而易见了。这种情况发生了多次，并且通常都是由人类活动造成的。1788 年，进入澳大利亚的殖民者随身带来关在笼子里的兔子，当时人们饲养这些动物是为了食用。兔子被关在住宅和仓库周围的围栏里，其中一些兔子逃了出去，但是兔子的数量被当地的捕食者所控制。随着时间的流逝，这些兔子的捕食者因遭到人类的捕杀而灭绝，结果兔子可以随意四处活动。现在，兔子已成为澳大利亚的一个严重问题。兔子的泛滥是造成成百上千种植物(包括一些树种)消亡的原因。由于兔子吃掉了覆盖地表的植物，使土壤直接暴露在外，受到风雨的侵蚀。表层土壤的流失破坏了景观，造成原生植被无法恢复。

想要了解更多吗?

参见附录中“我们的发现”。

实验 10　生态演替有哪些阶段？

题　目

可以在校园或者校园附近看到生态演替的阶段。

简　介

你是否曾沿着天然的小路漫步？小路所在地区很可能处于防止开发的保护状态。当环顾小路四周，你很可能会看见植物和动物的群落。尽量想象一下，这片地区 100 年前看起来是什么样子？是什么导致了这个地区在过去的一个世纪里经历了如此大的变化？你认为再过 100 年这个地区会是什么样子？

由于在资源获取方面的变化，所有的生物群落都经历着变化。一个地区的每一种植物都为了养分、水、空间还有阳光与其他植物进行竞争。最初进入一个空间的植物数量通常都很少。随着这些植物的生长扩张，它们改变了周围环境。这些植物的根系扎入岩石中，促使岩石裂开，使得这个地区更适合其他植物的生存。当较高的植物进入这里后，它们会遮挡阳光，消耗养分和水，最终把最初生活在这里的植物排挤出去。随着时间的流逝可能会出现树木，这进一步减少了光的获取量，压制了高植物的生长。随着一个群落里植物的变化，动物也相应发生了变化。没有多少动物以最初来到这里的物种为食。然而，高植物的到来为多种生物提供了可食用的叶子和种子。当树木出现，高植物消亡，动物的数量经历了进一步的变化。

最终，一个群落与环境形成一种稳定状态，不再发生改变，这种情况被称为“顶级群落”。大多数顶级群落都拥有多样性的植物和动物，这些植物和动物存在于复杂的食物链当中。

一个群落里生物的变化或演替要经过漫长的时间。演替以两种方式进行。如果一个地区受到了干扰，会发生“次生演替”，例如，每年农民可能会停止耕作农田，很快，植物就会进入农田，杂草首先长出来，然后是小树或者灌木丛。20 多年间，就可能会发展成为一片小树林。如果火灾或龙卷风毁掉一个天然群落也会发生同样的变换。“初级演替”出现在从未被生物占据过的地方。当火山喷发时，热熔岩从火山顶部流出并从侧面流下来。当岩浆冷却后，初级演替就开始了。初级演替也可能出现在沙丘。在沙漠上，沙丘不断地被风吹起然后再拆毁。当一个新沙丘形成，草和其他先锋植物就进驻进来。海滩草的根系很深，可以把沙子固定住，为其他植物创造一个稳定的环境。同样，初级演替也可能会发生在洪水过后的沉积土壤上。上涨的河水留下的冲积土富含养分，附近植物的种子被吹到这里并在肥沃湿润的土壤里发芽。不久，小树也在此立足，创造了一个吸引其他生物的环境。

在这个实验里，你将在校园里或校园附近寻找次级演替的迹象。用你所发现的证据预测一下在校园里将会发生什么样的演替变化。

实验时间

55 分钟

实验材料

- 数码相机（可选）
- 到户外
- 实验记录本

安全提示

请仔细阅读并遵守本书“实验前必读”中的“安全准则”。

实验步骤

1. 带着实验记录本、数码相机、钢笔或者铅笔，跟随教师到户外散步。

2. 散步中第一次停下来时，寻找演替的迹象。例如，如果你是在一个停车场，那么看看那里有没有微小植物已经开始在里面生长的小裂缝？沿着停车场的边上走，看看铺设的人行道是否破损？如果是在一个运动场、一块空地或是在公园，看看有没有小树在那里发芽？可以通过画出那个地点的草图或者用数码相机拍下来的方式在实验记录本里把演替的迹象记录下来。

3. 与教师至少参观 10 个地方。

4. 返回教室，分析草图、笔记或者照片。选出其中一个地点，画出你认为这个地方未来的模样：

① 从现在起 20 年后

② 从现在起 60 年后

③ 从现在起 100 年后

为了画图，假定这个地方不受人类或者自然界外力的干扰。

分　析

1. 用自己的话，给“演替”下一个定义。

2. 解释初级演替和次级演替的区别。

3. 指出在下列例子中会发生哪种演替，用“P”代表初级演替，用“S”代表次级演替。

——火山喷发在太平洋中形成了一座新的岛屿。

——火灾摧毁了一片森林。

——中央城市公园被废弃。

——飓风过后，在原有沙丘的后面又形成了许多新的沙丘。

——铺设的街道很少被使用。

4. 人类是如何影响自然演替的?

5. 植物会先于动物占据一个地区,你认为为什么会这样?

6. 观察图 1,解释图中的每一个框架里将会发生什么。

7. 下页数据表表示的是发生在美国威斯康星州某处的演替。利用这张数据表帮助你回答①—④的问题。

8. 给图 2 里的图片标上 1—4 的序号以表明演替的正确顺序。

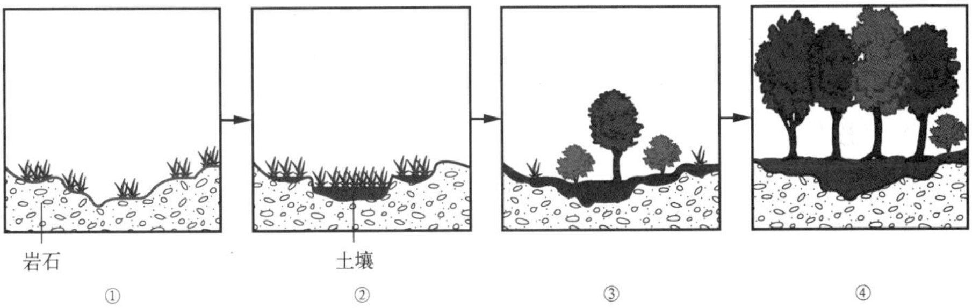

图 1

图 2

数 据 表

演替阶段	优 势 植 物
①	没有(这块地最近已被推土机清理过)
②	一年生草
③	几种灌木丛
④	小 树
⑤	大 树

① 什么是先锋物种?

② 在顶级群落里会出现哪些植物?

③ 在演替的哪个阶段植物完全暴露在阳光照射之下?

④ 为什么在⑤群落这个演替阶段里没有发现喜光草?

实验中将会发生什么?

除非你的学校位于海滩、小溪或者河流附近,否则你在校园里参观的所有户外区域都会出现次级演替的迹象。当你在户外散步时,很可能会看到杂草侵入到草坪、花坛或者人行道的裂缝里。杂草一词用来指任何一种不需要的植物物种。然而,这些植物在演替中却起着重要的作用。由于多种原因,杂草是非常成功的早期入侵者。这些植物结出大量的种子,被风四处散播。另外,由于杂草能从土壤的非生物方面获取所有所需养分,所以它们在较差的环境里也长势旺盛。此外,杂草生长得很快,相对较小而且生命周期短。杂草会被生长缓慢、生命周期长的木本植物所取代。

当杂草死亡后,它们的生物量成为土壤有机物质的一部分。杂草会被小型的木本灌木丛所取代。它们的种子较重,通常由动物或者地球重力散播。这些木本植物在先前杂草留在土壤里的有机物上茂盛地生长。灌木丛比杂草的寿命长并且会建立一种能够支持较大植物(例如树木)生长的环境。

与现实生活的联系

池塘或者湖泊转化为陆生群落是一种被称为“水生演替”的初级演替。像图

3 中这样的年轻池塘有一个光秃秃的湖底和开放的水域。不久，一种漂浮在湖水上层的单细胞生物体——浮游生物就在此定居了。这些微小的像植物一样的生物为昆虫和小鱼提供食物，同时，沉淀物被冲进池塘，形成一个能为有根的水生植物提供给养的肥沃层。水生植物的根把湖泊的底层固定住，这有助于积累死亡的植物和动物物质。随着沉积物和有机物质的累积，湖泊变得越来越浅。植物喜欢的是浅水而不是深水，因为在浅水区能获得阳光。因此，更多的植物在池塘里安家落户。随着时间的推移，湖水变得富有养分，植物横跨湖面生长。最终，这个浅池塘逐渐变成沼泽。沉积物和有机物质继续累积，直到最后土壤出现在水面线之上。草在这块土壤中扎根，并逐渐变成草地。根据气候的不同，这块草地可能会演变为一个大草原或一片森林(图 3)。

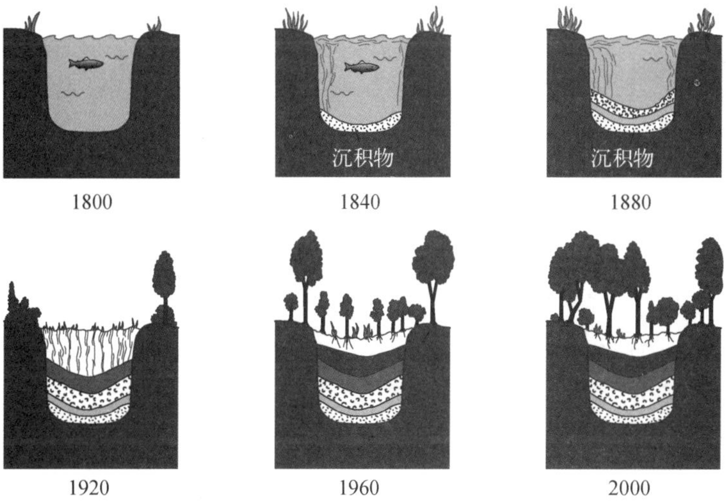

图 3　1800—2000 年，一座池塘变成了一个陆生群落

想要了解更多吗?

参见附录中“我们的发现”。

实验 11　观察不同生物群落中植物的生长

题　目

在不同的生物群落，植物经历着不同的生存挑战。

简　介

生物群落是一个大型的地理区域，具有独特的气候，是不同类型的植物和动物的栖息地。世界各地生物群落的分布取决于各地的气候。气候指的是一个地区长期的天气状况。图 1 显示的是世界各地生物群落的分布。

气候的两个决定性因素分别是气温和降水量。两个因素都受地球球体形状和地轴倾斜度的影响，因为这两个特点会影响太阳能到达地球表面的量。地球的球体形状意味着地球的赤道要比两极地区照到更多的阳光。因此，热带地区的气候要比两极地区的气候温暖。地球的倾斜是一个地区接受阳光照射量，发生季节性变化的原因，如图 2 所示。

降水量非常重要，因为水是维持生命不可缺少的。在降水量丰富的地区，植物生长茂盛，生产力很强。因此，这个地区会生存着数量繁多的多种动物。降水量在南北纬 30°的地区相对较低。内陆地区的降水量也很低，因为那里远离海洋，而海洋是水分的源泉。在降水量高的地区，温暖湿润的空气上升，然后冷却，释放出水分。这种天气在赤道附近很常见，是形成

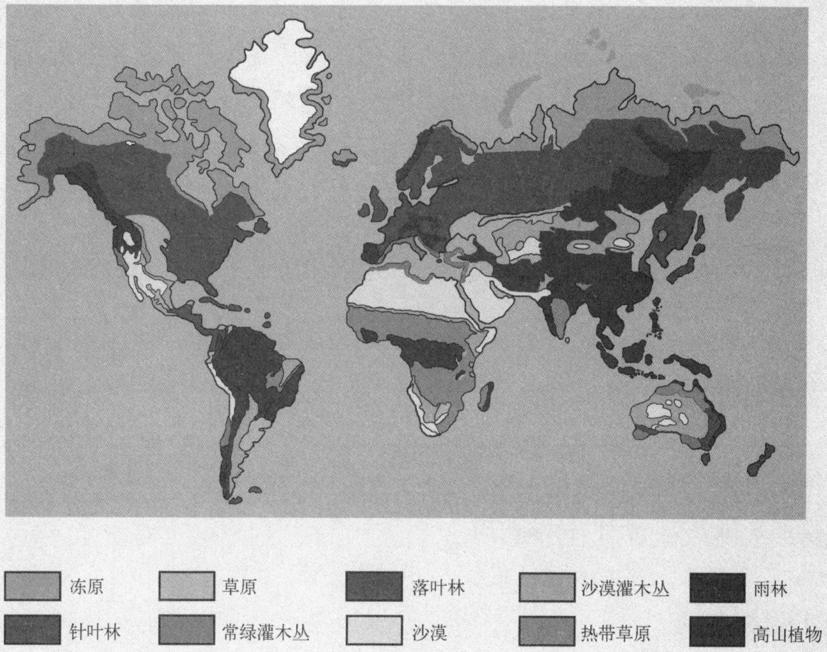

图 1

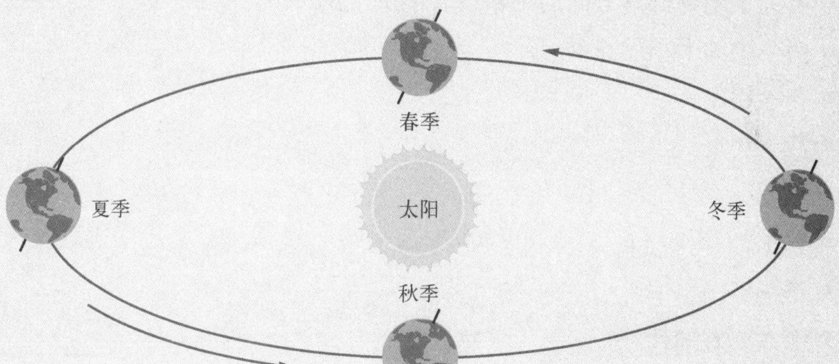

图 2　地球上季节的变化是由于地轴的倾斜

热带雨林的主要原因。

气温是生态系统里的一个关键因素，因为大多数生物只能在有限的气温范围内才能存活。例如，植物无法在太冷或者太热的地区生存。一般来说，温暖的气温会使植物有较强的生产力。气温受到纬度和高度的影响。赤道附近的气温最高，那里没有季节变化。赤道以南和以北的地区气温较低。在这些温带地区，会出现季节的变化。山区要比平原地区凉爽，因为气温随着高度而降低。高度每上升 1 000 米，气温下降大约 6.5℃。

在这个实验中，你和你的同学将要在与其中两种主要的生态群落相似的条件下种植 3 种不同的植物。通过这项活动能够使你确定光照量和降水量是如何影响植物生长的。

实验时间

第一天 55 分钟
接下来每天 20 分钟，持续两周

实验材料

- 有关于生物群落方面的书籍或者能够上网
- 两个中等大小的花盆
- 花盆用土
- 沙土
- 粪肥
- 黏土
- 水
- 喷壶或者烧杯
- 尺子
- 5 粒青豆种子
- 5 粒玉米种子
- 20 粒萝卜种子
- 照明灯、植物生长灯或窗户
- 照明灯计时器
- 4 张标签

- 防水钢笔
- 实验记录本

安全提示

请仔细阅读并遵守本书“实验前必读”中的“安全准则”。

实验步骤 第一部分

1. 教师将分配给你两个生物群落，看书研究这些生物群落，或者上网查找如下一些信息：

① 土壤类型

② 年平均降雨量(然后转换成日平均降雨量)

③ 小型植物接受的光照量

④ 平均气温

2. 给花盆贴上标签，标签上写有分配给你的生物群落的名称。

3. 把花盆装满土，上面留出5厘米的空间。在每个花盆里装上与你的生物群落最相似的混合土。

4. 让种子发芽。为此：

① 在每个花盆里种上5粒青豆种子和5粒玉米种子，深度大约为2.5厘米。把20粒萝卜种子撒在土壤里，然后轻轻地把它们压进土壤。萝卜种子不要种得太深。

② 给两个花盆里的种子浇水，直到土壤湿润为止，但是水不会总是存在土壤里。

③ 把两个花盆都放置在采光好的地方。

实验步骤 接下来的日子

1. 观察这些植物3—4天。你会观察到细小、合拢的叶子从土壤里出来。如果摸起来土壤有些干了就往花盆里加点水。

2. 等到种子发芽，玉米和青豆长到 5—7 厘米时，开始进行实验。根据你对这些生物群落所作的研究，为每一个花盆提供水和光。例如，如果其中一个花盆的标签上写着“沙漠”，那么这个花盆在整个实验期间将只获得极少量的水。另一方面，如果花盆的标签上写着“雨林”，那么这个花盆每天将获得大约 1 厘米的水。另外，标着“沙漠”的花盆将全天接受直接光照，而“雨林”花盆仅仅接受几个小时的间接光照。可以选择照明灯、植物生长照射灯或者窗户来提供照明。

3. 每隔 1 天观察一下两个生物群落的植物，持续两周。用 1 把尺子测量一下所有青豆苗的高度，计算出平均值。把下面的两张数据表复制到实验记录本里，一个生物群落复制 1 份。把平均值记录在数据表中。对玉米苗和萝卜苗也做同样的工作。必要时可扩展数据表以便写入所有的数据。

4. 在给植物浇水后，记下小苗的颜色和生长状况，并把你的观察结果记录在数据表中标着“植物颜色和生长状况记录”一栏。

5. 参观其他实验小组，并对他们花盆里种植的植物做笔记。

数据表

数据	青豆苗的平均高度	玉米苗的平均高度	萝卜苗的平均高度	植物颜色和生长状况记录

分析

1. 用自己的话给“生物群落”下一个定义。
2. 你是怎样调控生物群落接受的光照量的？
3. 花盆里哪个生物群落的植物生长得更高？你认为为什么会这样？
4. 在植物长的较高的花盆里，3 种植物生长得一样好吗？
5. 花盆里哪个生物群落的植物长得更绿？你认为为什么会这样？

6. 在植物长的较绿的花盆里，3 种植物生长得一样好吗？

7. 在这个实验里没有包括冻原和针叶林，你认为刚才那些植物将如何在这些生物群落里生长？

8. 为什么这些植物在每个生物群落花盆里的生长状况会不同？

实验中将会发生什么？

在这个实验里，你在不同的生长环境里种植了 3 种不同类型的植物以便观察植物的生长过程。你建立的环境模拟了其中两个主要的生态群落。通过这项实验，你会明白为什么要强调光照和水对植物生长的重要性。

植物对其生长的生物群落有着特殊的适应性。在热带雨林，植物每年接受大约 203 厘米的降雨量。如此大的降水和湿度会造成植物上真菌和细菌的生长。结果，雨林植物就对去掉雨水具有适应性。例如，一些植物长有油性叶子，这样有利于雨水滚落下去。还有一些植物有滴水叶尖或者凹槽以便于排水。

雨林植物对环境还有其他一些独特的适应性。雨林地面的光照量很少，因此地面的植物具有充分利用每一点光照的适应性。许多植物的茎能随着太阳在天空行进的路线进行旋转。还有一些植物有非常大的叶片，有助于采集阳光。被称为“附生植物”的植物生长在其他植物的上面，借助着其他植物的帮助朝向太阳。生长在雨林上层的植物都长着非常小的像皮革一样的叶子以防止水分散失。植物的另一个适应性是在根基附近长出支墩，可以帮助支撑高高的树木，把它固定在薄薄的雨林土壤里。

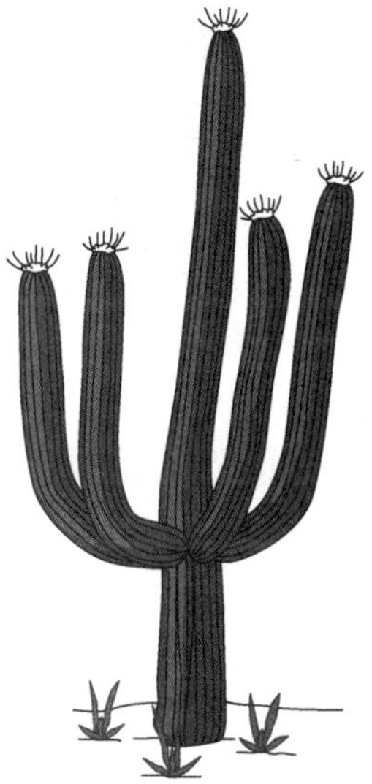

图 3　像仙人掌这样的沙漠植物长着小小的蜡质叶子和刺以保持水分

生活在光照充足、炎热干燥的气候条件下的沙漠植物也有着自己独特的适应性。大多数沙漠植物都能够在组织中储存水分。另外，沙漠植物的叶子也被大自然设计的有利于保持水分而不是散失水分。有些植物的叶子(例如图 3 中的仙人掌叶子)非常小而且覆盖着一层蜡质以防止水分散失。沙漠植物还长着又长又深的根，向下直伸到地下水位去探找水源。沙漠中的花朵只在雨后才开放，并且仅仅持续很短的时间以避免水分丢失。

与现实生活的联系

与植物一样，生活在每个生物群落里的动物也具有对环境的适应性。在沙漠里，许多动物不喝水，它们只是从食物中获取所需的全部水分。动物白天待在凉爽的地方，把自己埋在沙子下面或者睡在阴凉处。到了黄昏时分，当气温较低时，蛇和毒蜥这些黄昏动物就会出来觅食。夜间活动的动物要等到太阳落山后才开始觅食，这样就可以利用夜晚的凉爽。这类动物包括蝙蝠以及许多其他哺乳动物，还有一些爬行类动物。

雨林生物也具有对环境的特殊的适应性。雨林生物群落里生活着多种动物，因此对食物的竞争很激烈。许多动物很善于伪装，能使自己与周围环境融为一体，这对于捕食者和猎物来说都是有利的。还有一些动物有毒。为了警告捕食者它们有致命的毒液，它们的身上通常有鲜艳的颜色。毒箭蟾蜍(图 4)会在皮肤上分泌一种化学物质，能毒死所有吃到这种物质的生物。捕食者可以根据猎物外表鲜艳的颜色迅速判断出应当避免捕食它。

图 4　毒箭蟾蜍鲜艳的颜色向捕食者发出有毒的警告

想要了解更多吗?

参见附录中“我们的发现”。

实验 12　生态系统中的能量

题　目

生态系统中的温度会随植被情况而有所不同。

简　介

太阳几乎是所有生物生存所需能量的来源。当阳光照射到地球时，可能会被吸收、散射或被反射。反射辐射以热的形式存在。尽管同样多的太阳能量照射在某一地区的所有生态系统，但是反射辐射量却根据土壤、水和植物的不同而有所不同。因此，相邻生态系统的温度可能会有所不同。

由于反射辐射而产生的热能是生态系统中几个基本的非生物因素之一，一个环境里的所有非生物因素都对生物产生影响。同样，生态系统中的生物也会影响非生物因素。在这个实验里，你要提出一个关于生态系统中植物的数量对这一地区的温度产生怎样的影响的假设，然后设计一项实验来验证一下你的假设是否正确。

实验时间

65 分钟

实验材料

- 尺
- 温度计
- 桶
- 土壤
- 照明灯
- 至少3处植被量不同的户外地点
- 实验记录本

安全提示

请仔细阅读并遵守本书“实验前必读”中的“安全准则”。

实验步骤

1. 回答分析中的问题1—3。

2. 你的任务是提出一个关于生态系统里的植被是如何影响气温的假设。植被指的是植物，包括草、灌木丛和树木。

3. 把你的假设写在数据表上。

4. 设计一个实验来验证你的假设。你可以使用教师提供的任何材料，但可能不必全部都用。在实验开始前，明确你要做什么。记住：实验应当只包括1个变量——植被的量。控制其他所有因素。例如，要测量每个地方的气温，应当在1天中的同一时间和同样的地面高度进行测量。

5. 写出你打算进行的步骤（你的实验步骤）以及准备使用的材料。把操作步骤和材料清单拿给教师看。如果获得教师的认可，继续实验。如果没有，修改你的计划并重新拿给教师看。

6. 一旦你获得教师的认可，把所需的材料收集在一起，开始进行操作。

7. 把实验结果记录在你自己设计的数据表里。

8. 回答分析中剩下的问题。

数 据 表

假 设	
实验步骤	
材料清单	
教师的许可	

分 析

1. 为什么靠近地面的空气比较暖和?

2. 你认为哪种地面反射的热能最多:光滑、没有植被的地面还是被植物覆盖的地面? 请解释原因。

3. 温度只是生态系统中的非生物因素之一,还有哪些其他非生物因素?

4. 描述一下实验中涉及的生态系统。

5. 根据收集的数据,你认为植物是如何影响一个生态系统的温度的?

6. 当人们进入生态系统,他们常常会改变植物的类型和数量。你认为除掉植被建造房屋对生态系统的温度会产生什么影响?

实验中将会发生什么?

在这个实验里,你设计了实验程序来弄清楚植被是如何影响生态系统的温度的。为了成功开展实验，首先，你要提出一个可验证的假设。当开始实验时，你还必须要控制各种变量。本项实验中唯一要验证的变量是植被对温度的影响。你必须要控制其他的变量，例如：1 天中的测量时间、温度计在每个生态系统里的位置以及风力状况。

科学家们已经了解到，光秃秃的地面要比被植物覆盖的地面向大气中反射更多的热。当土壤被植物覆盖，其中的一些太阳能会被植物吸收，用来维持生命活动，因此减少反射的能量。如果土壤上覆盖着小型灌木丛，甚至更多的太阳能被植物吸收利用，反射的太阳能量也就进一步减少。森林要比灌木丛吸收更多的热(图 1)。

图 1

与现实生活的联系

对土地利用方面的改变似乎正在以两种方式影响着地表的温度：通过地面反射以及通过空气和地表之间的热量交换。地表反射率直接影响着一个地区的气候，增加反射率的做法也会降低地表温度。例如，在中纬度，也就是地球的温带地区，森林被农田或者草场所取代，导致了地表反射率的增加。结果，反射到大气中的太阳能增加，地表温度下降。

另一方面，植物会增加空气中的水分。植物通过根茎从土壤中吸收水分。这些水分通过茎到达叶子，又通过植物的蒸腾作用从叫作“叶孔”的微小孔洞释放到空气中(图 2)。这两种影响气候的过程所起作用的大小取决于季节。从秋季到春季，反射率对气候的影响最大。在夏季，当植物茂盛之时，蒸腾作用在影响气候方面起着更大的作用。

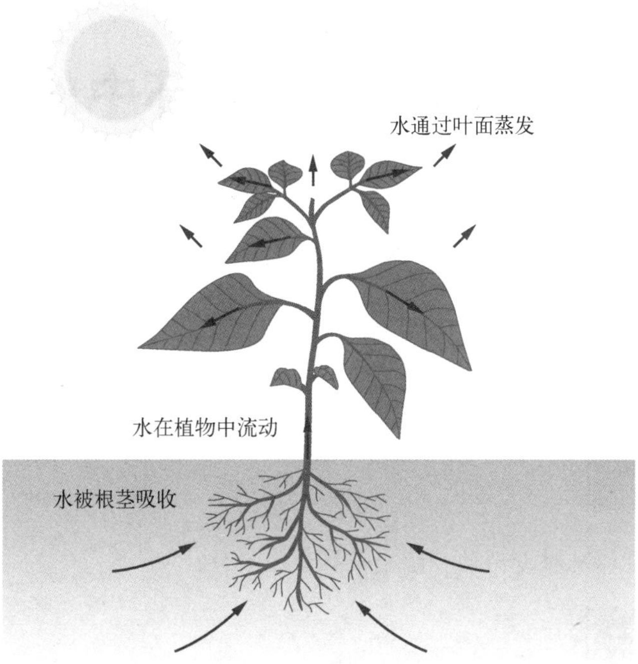

图 2

想要了解更多吗?

参见附录中“我们的发现”。

实验 13　分解者在氮循环中的作用

题　目

植物能够从被分解的叶子中获取氮。

简　介

氮是生物生存所必需的元素。细胞需要氮来合成两种有机化合物：蛋白质和核酸。空气中富含氮气(N_2)，氮气含量占大气的79%。然而，生物无法直接吸收并利用氮气，当氮元素被固定住，即转化为氮化合物或带电的离子后，植物才可以从土壤里获取氮。氮有3种重要的存在形式：尿素[$(NH_2)_2CO$]、氨气(NH_3)以及硝酸根离子(NO_3^-)。动物可以通过食用植物或者食用以植物为食的动物来获取氮。

动植物身内的氮最终会回到土壤中。当植物和动物死亡后，其组织内的蛋白质分解，氮化合物就被释放到环境里。此外，动物的排泄物也含有氮化合物。微生物把这些氮化合物转化成可以再次被植物吸收的氨气。在土壤里，被称为“硝化细菌”的其他微生物会把其中一些氨气转化成更容易被植物吸收的硝酸根离子。氮以这种从土壤到植物再到动物，最后又回到土壤的方式循环往复(图1)。在这个实验里，你将对在有分解植物物质的土壤里与在没有这种物质的土壤里的植物的生长状况进行比较。

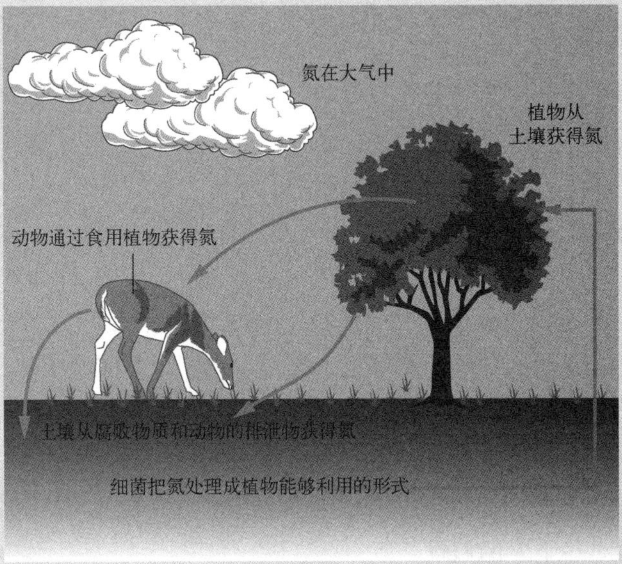

图 1

实验时间

第一天 55 分钟
之后每天 20 分钟，持续 1—2 周

实验材料

- 沙子（大约 10 茶杯）
- 腐烂的叶子
- 8 棵玉米苗或者青豆苗
- 2 个中等大小的花盆
- 植物生长照明灯或者有采光良好的窗户
- 水
- 尺
- 实验记录本

安全提示

请仔细阅读并遵守本书“实验前必读”中的“安全准则”。

实验步骤

1. 你的任务是设计并进行一项实验，弄清楚植物在含有压碎的落叶的土壤里是否与在含有腐烂的落叶的土壤里生长得一样好。本实验中使用的土壤是沙子。开始实验前，请选择一个假设：

① 植物在含有腐烂叶子的土壤里生长得更好。

② 植物在含有碎叶的土壤里生长得更好。

在数据表里写下你的假设。

2. 对这项实验来说，先要确定一下“更好”的定义。“更好”可以指高度，因此生长得“更好”的植物是指长得更高的植物；“更好”也可以指颜色，这种情况下，生长得“更好”的植物是指颜色长得更绿的植物；“更好”还可以指茎的直径、叶子的数量或者叶子的大小。在你的假设里加上对“更好”的定义。

3. 设计一个实验程序，即关于你要做什么的计划。把你计划要做的步骤（实验步骤）以及打算使用的材料（材料清单）填写在下面的数据表里。把你的实验步骤和材料清单拿给教师看。如果获得教师认可，继续进行你的实验。如果没有，那么修改实验计划，然后重新拿给教师看。记住以下几点：

① 你的实验应当只验证一个变量，即腐烂叶子对植物生长的影响。

② 其他所有的变量都应保持不变。例如，所有植物必须接受同样多的光照，并且保持同样的温度。

4. 一旦你的计划获得教师的同意，把所需材料收集在一起，开始进行实验。

5. 把实验结果记录在你设计的数据表里。

分 析

1. 氮是如何从死亡植物和动物的组织中释放出来的？

2. 根据你的实验结果，你的假设是正确吗？请解释原因。

3. 死亡叶子和腐烂叶子有什么区别？
4. 好的实验仅仅验证 1 个变量。这个试验里的变量是什么？
5. 在实验里你控制的变量有哪些？
6. 为什么在实验中控制变量非常重要？

数 据 表

假 设	
实验步骤	
材料清单	
教师的许可	

实验中将会发生什么？

在这项实验里，你对植物在含有腐烂叶子的土壤里与没有腐烂叶子土壤里的生长状况进行了比较。腐烂叶子经过了分解的过程。因此，叶子中的氮脱离了植物组织，再次可以被其他植物利用。在含有腐烂叶子的土壤中种植的小苗能够获取氮元素，而在没有腐烂叶子的土壤里则无法获取氮。

生长在富含氮元素的土壤中的植物比那些生活在氮元素缺乏的土壤中的植物更绿、更健壮并且更高。氮是许多基本分子（包括蛋白质）的组成成分。使植物变绿的是叶绿素，这是一种绿色的色素（图 2），是进行光合作用的地方，即水和二氧化碳在阳光下转化为葡萄糖和氧气的地方。植物中的其他蛋白质起着架构的作用，被用于构建植物组织。此外，一种携带分子的能量，三磷酸腺也含有氮元素。如果没有三磷酸腺，植物细胞就不能进行任何的化学转化过程。

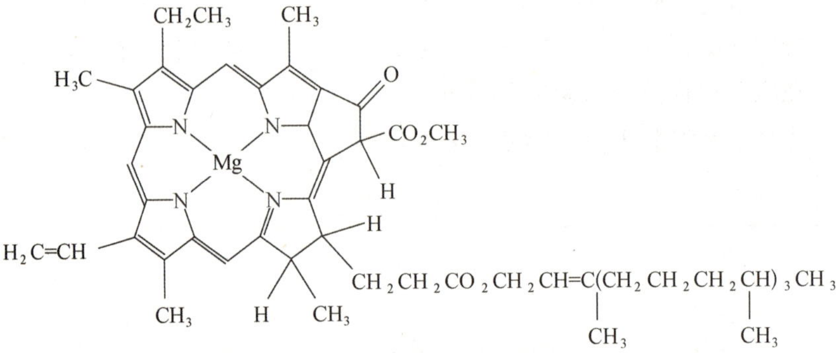

图 2　叶绿素的分子结构

与现实生活的联系

氮从不同的渠道进入到环境中。分解过程是一种从排泄物和动植物组织释放氮然后将其返还环境的过程。硝化细菌也会向环境中释放氮化合物。许多这种简单的生物都和豆科植物存在着一种共生关系。环境中氮的另一个来源是闪电。闪电的能量会打破氮气中的化学键，使氮和氧发生反应形成氮氧化物。当氧化物溶解在雨水中后就会形成硝酸盐，进入土壤，被植物根茎吸收利用。

化学转化过程也会把氮从环境中分离，把它送回到空气中去。在脱氮作用下，氮化合物转化为氮气进入空气中。有些脱氮作用是由厌氧菌进行的，这是一种生活在无法获取氧气的土壤中的细菌。氮以这样的方式在大气和环境之间循环。千万年以来，这种循环一直很稳定，但是现在却在发生变化。人类把氮气转化为化肥用在作物上，结果，打破了自然界氮循环的平衡，向环境中施放了自然界无法处理的过多的氮。图 3 显示的是有多少氮是自然界固定的以及有多少氮是人造化肥或者通过世界范围内的燃烧矿物燃料而固定的。

生态系统里氮的丰富也会造成问题。例如，河、湖、池塘里氮的含量过多会造成藻类植物的过度繁殖。水藻的快速生长会堵塞河道，滋生有氧细菌。结果，水藻的过度繁殖导致水生环境缺氧以及那些依赖氧气生存的微生物的消亡。

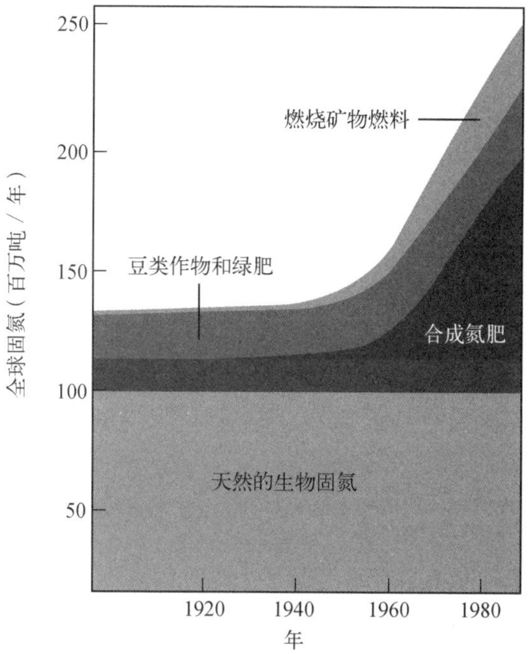

图 3　1920—1980 年氮气转化为氮化合物的量

想要了解更多吗?

参见附录中“我们的发现”。

实验 14　入侵物种对生态系统的影响

题　目

将入侵物种引进生态系统中会对本地物种产生危害。

简　介

“族群”是指在特定时间内生活在同一地区的同一种生物的集合体。族群总是处于变化的状态，新的生物出生或者进入一个地区，而另一方面其他生物死亡或者移出这个地区。从理论上来说，只要环境适宜，一个族群就会快速增长。但在现实世界中，因为资源有限，环境是无法供养持续不断增长的族群的。随着族群密度的增加，资源变得稀少。这时，族群内的成员必须为食物、水、光、住所和空间而彼此竞争。影响一个族群大小的因素或者资源叫作“限制因素”。

在长期稳定的族群里，生物与生态系统间存在着一种精妙的平衡。将新物种引进到生态系统中就会打破这种平衡，危及本地物种的生存。非原产于一个地区的物种叫作“入侵物种”。将野兔引进到澳大利亚曾经给澳大利亚的生态系统造成严重问题。

20 世纪初，英国猎人和殖民者把外来的野兔(图 1)带到澳大利亚。这些兔子迅速繁殖，消耗了大量的植被。植被的损失威胁到以这些植物为食或作为藏身之所的本地物种的生存。这些野兔甚至吃掉了牧场的草和灌木丛，结果牲畜没有了充足的食物。此外，兔子打洞还造成土壤侵蚀，进一

图 1　野兔

步降低了植物的密度。据澳大利亚政府估计，野兔造成的损失高达 50 亿美元。

因为没有天敌，澳大利亚兔子族群的生长逐渐失控。没有捕食者对它们族群规模的限制，使得野兔的数量失去了控制。最后，人类不得不在 20 世纪中期释放了一种抗兔病毒来进行干预。最初这种病毒在减少兔子数量方面非常有效，但是幸存下来的兔子逐渐对这种病毒产生了免疫力。人们一直在寻找方法以避免这一入侵物种造成的损害。在本次实验里，你将通过模拟亲自弄明白入侵物种是如何改变一个生态系统的。

实验时间

55 分钟

实验材料

- 绿色索引卡片
- 蓝色索引卡片
- 白色索引卡片
- 黄色索引卡片
- 剪刀

- 记号笔
- 实验记录本

安全提示

请仔细阅读并遵守本书“实验前必读”中的“安全准则”。

实验步骤

1. 把绿色索引卡剪成16个大小基本一样的方块，用记号笔在每个方块上写下字母“P”，P代表植物。

2. 把黄色索引卡剪成16个大小基本一样的方块，用记号笔在每个方块上写下字母“S”，S代表绵羊。

3. 把白色索引卡剪成16个大小基本一样的方块，用记号笔在每个方块上写下字母“W”，W代表狼。

4. 把蓝色索引卡剪成16个大小基本一样的方块，用记号笔在每个方块上写下字母“R”，R代表兔子。

5. 在这个跨越数年的模拟活动中，你将操控这些纸方块。在这项活动中，植物、绵羊和狼代表当地物种，兔子代表入侵物种。在进行这项模拟活动时，请遵守下列规则：

① 在每年的年初，植物的数量翻1倍。

② 每年，绵羊必须吃掉一种植物以便活到下一年。

③ 每年，狼必须吃掉两只绵羊以便活到下一年，狼不是兔子的捕食者。

④ 每两只幸存下来的绵羊每年繁殖1只后代。

⑤ 每4年，两只狼繁殖两只后代。

⑥ 一旦兔子被引进到这一族群，每对兔子1年繁殖两只后代。

⑦ 每年，1只兔子必须吃掉1种植物以便存活到下一年。

⑧ 每年，兔子总是在绵羊开始吃草前先吃掉那些草。

6. 你的桌面代表一个生态系统，这个生态系统的本土生物有植物、绵羊和狼，在原先处于平衡状态的生态系统里，有8种植物、8只绵羊和2只狼。把这些数量的绿色、黄色以及白色方块卡片放在桌子上。这是第 1 年年初这一族群的起始生物数量。复制这张数据表，在标题为“第一年年初”下的位置记录下这些数量。

7. 每年年初都要允许繁殖者先繁殖后代，因此要在桌面上增加 8 张绿色卡片(在完成第 1 年的任务后，参阅规则①到规则⑧)。允许 8 只绵羊吃掉 8 种植物；从桌面拿掉 8 张绿色卡片。允许绵羊繁殖后代，因为你有 4 对绵羊，你将有 4 只绵羊后代；向桌面增加 4 张黄色卡片。接下来，捕食者必须要吃食，因此，每只捕食者吃掉 2 只羊，拿掉 4 张黄色卡片，狼直到第 4 年才能繁殖，因此不必调整狼的数量。数一下桌子上剩下的黄色、绿色和白色卡片的数量，并把数字填入到第 1 年的“结束”处。

8. 继续这个过程，但是在第 2 年要向桌面新增加 2 只兔子。记住，兔子在绵羊之前先把草吃掉并且每对兔子生产两只后代(遵守规则①到规则⑧)。记录下第 2 年生物的起始数量和结束时的数量。

9. 第 3 年和第 4 年重复同样的活动。

数 据 表

	第 1 年		第 2 年		第 3 年		第 4 年	
	开始	结束	开始	结束	开始	结束	开始	结束
植物								
绵羊								
狼								
兔子								

分 析

1. 到第 4 年年末，4 个族群分别发生了怎样的变化？

2. 在引进兔子前，族群相对稳定，请解释原因。

3. 兔子的引进对生态系统产生了什么影响？

4. 假设你再次玩这个游戏，如果植物的数量在每年的年初为原先的 3 倍，结果会不同吗？你认为兔子的数量会最终超过绵羊吗？

5. 在 20 世纪上半叶，一种原产于中国、印度、日本的生长快速、生命力旺盛的藤本植物葛藤被引进到美国。1930—1950 年，水土保持公司主张利用葛藤控制水土流失。你认为为什么葛藤现在被划归为入侵物种？提一些葛藤可能造成的问题。

实验中将会发生什么？

生态系统是由一些在一定环境下相互作用的生物群落构成的。一种非本土物种的引进会干扰一个生态系统的平衡。尽管这种入侵物种对原来的生态系统并未造成威胁，但却可能对一个新的生态系统造成巨大的危害。在原来的生态系统里，族群的大小由捕食者、寄生生物以及物种间的竞争制约着。当入侵物种引入到这一新地区，原先的控制因素不复存在。于是引进的物种常常会由于缺乏捕食者而迅速繁殖。随着这个新物种数量的增加，它会和当地物种竞争食物、空间和水，其中一些当地物种可能会被迫离开这一地区或者死于饥饿。

在这个模拟活动中，平衡的生态系统由植物（生产者）、绵羊和狼组成。绵羊吃植物，是食草动物，狼吃肉，是食肉动物。这个生态系统处于平衡状态，因此绵羊和狼拥有充足的食物而不必使环境丧失掉生产者。在第二年，另一种食草动物被引进到这个生态系统。兔子不是这个地区的原有生物，因此被认为是入侵物种。兔子像绵羊一样也以生产者为食。在这种面对面的较量中，兔子比绵羊更善于先获得食物，兔子的引入消耗掉了这一生态系统的生产者。

与现实生活的联系

入侵物种的引进是一个全球性问题。你不必舍近求远去寻找入侵物种改变生态系统的例子。例如，在过去的 10 年间，厌倦了养殖大型蛇的宠物主人把缅甸蟒蛇（图 2）倒入到大沼泽中。如今，这种蟒蛇的数量显著增加。这些动物被认为是入侵物种，干扰了大沼泽地的生态平衡。人们认为它们正在吃掉佛罗里达州的一些濒危野生物种。

图 2　缅甸蟒蛇

缅甸蟒蛇只是美国数千种非本土物种中

的一种。美国每年都要花费数十亿美元挽救由入侵物种对庄稼、草场及河、湖、池塘等造成的损失。因为这些入侵物种与当地物种竞争食物、空间、水和氧气，入侵物种被认为是造成18世纪以来40%的物种灭绝的元凶。

想要了解更多吗？

参见附录中“我们的发现”。

实验 15　生态系统的构成要素

题　目

可以通过观察来分析一个生态系统的构成。

简　介

生态系统是一个由与自然环境相互作用的生物群落构成的天然区域。生态系统内的生物通过能量转移和养分共享而发生联系。一个生态系统可以大到一片森林或者草原，小到一个泥坑。

自然因素(非生物)和生物因素(生物)构成了生态系统。初级的非生物构成要素是来自太阳以及非有机体(例如氧气、水和二氧化碳)的能量；生物构成要素包括植物、动物、菌类以及微生物。其中一些生物是生产者或者叫作自养生物，它们是一些能获取太阳能并将其转化成食物的生物。生产者主要是植物，但也包括绿藻和绿色细菌。其他一些生物是消费者或者叫做异养生物，它们是一些靠食用植物或者其他生物为生的生物。分解者，如真菌以及异养细菌最后把这些生物的组织分解并把矿物质返回到环境中去。

大多数食物链的驱动力是太阳能。能量从自养生物传递到初级消费者，然后再传到次级消费者。在能量传递的过程中，大部分能量以热量的形式散失。能量沿着传递的一系列生物构成了一个食物链(图 1)。

实际上，食物关系要比食物链所表示的含义复杂得多。几种初级消费

图 1　食物链

者可能会以同样的植物为食。食物链可以连接起来，更真实生动地说明扩展的图表，即食物网(图 2)中的食物关系。在这项实验里，你将要观察一个生态系统，找出生物和非生物构成要素，并绘制这个生态系统的食物网。

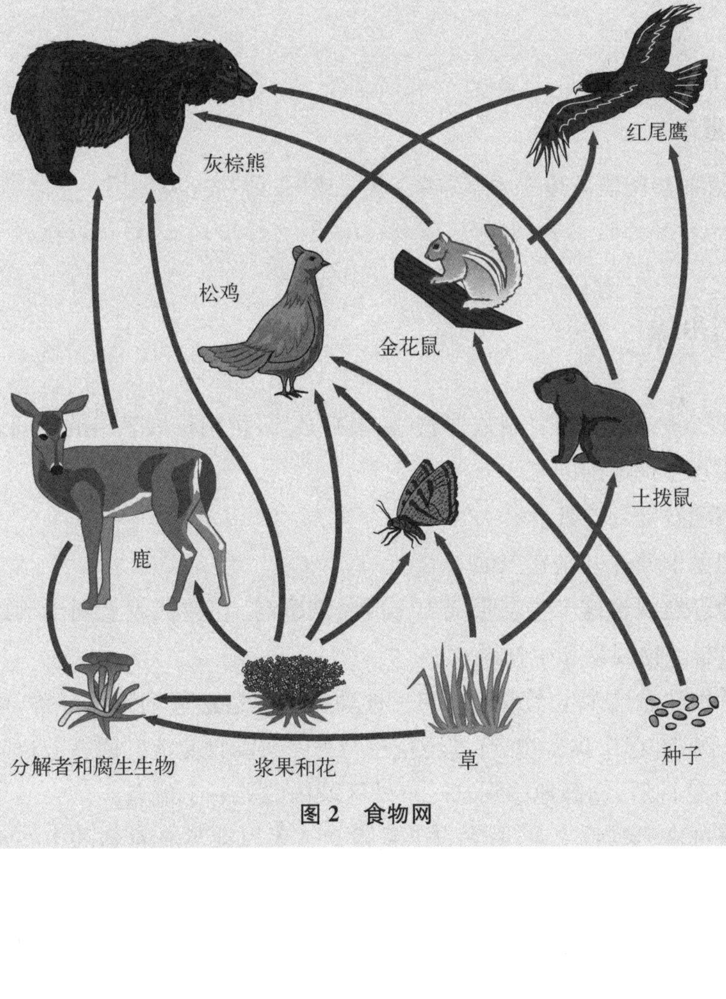

图 2　食物网

实验时间

55 分钟

实验材料

- 毛巾（用来坐在上面）
- 闹钟或者手表
- 到户外去
- 实验记录本

安全提示

请仔细阅读并遵守本书“实验前必读”中的“安全准则”。

实验步骤

1. 在实验记录本中复制数据表，如果有必要，留出扩展表格的空间。

2. 回答分析中的问题 1。

3. 跟随教师到户外。

4. 把毛巾铺开并坐在上面。

5. 静静地观察这个生态系统 10 分钟，观察时，在数据表上列出构成这个生态系统的非生物因素和生物因素。

6. 特别注意这个生态系统中的一种动物。观察这种动物几分钟，确定它在干什么。例如，它在找食物、行进还是在与另一只动物交流？回答分析问题 2。

7. 10 分钟后，静静地移到这一户外区域内的另一个地点。

8. 通过这项实验活动，看看自己是否知道了以前没有看到的生态系统的生物和非生物构成要素。如果有，把它们加到数据表里。

9. 绘制一张包括数据表上所有生物的食物网。

分 析

1. 什么是生态系统?

2. 所有生态系统的能量来源是什么?

3. 描述一下你正在观察的动物的行为。

4. 你观察的动物是食草动物还是食肉动物? 你是如何知道的?

5. 你观察了多少种不同类型的生物?

6. 群落是由一个地区的所有不同生物族群构成的。描述一下这个户外地点的群落。

数 据 表

生 物 因 素	非生物因素

7. 你无法看到这个生态系统的微观成员,你认为它们在哪里呢? 生态系统里的微生物有哪些作用?

8. 说一下这个生态系统里生物和非生物构成要素之间的 3 种关系。

实验中将会发生什么?

在本次实验中你所观察的生态系统取决于你所处的地理位置。生态系统是生物群落,即具有相似气候和栖息生物的大型区域的子单位。如果你住在大草原生态系统,那么你今天看到的动物很可能包括乌鸦、麻雀、蚂蚱、松鼠及蜘蛛。乌鸦是长有黑色羽毛的鸟,是杂食性动物,因为它们既吃植物又吃动物。因为乌鸦对吃的不挑剔,所以还被称作“机会进食者”,即它们吃任何能得到的食物。通过观察乌鸦,你可能已经看见了它们在地面上边走边捡食谷物、水果、蠕虫和蜘蛛,甚至还吃死亡动物的腐肉及其他筑巢的鸟类的蛋。

如果你住在松树林或者橡树林附近，你可能会看见知更鸟——一种胸部为橘色的灰棕色的鸟。这种鸟也是杂食性动物，但是无法消化较硬的食物。它们喜欢吃蠕虫和昆虫的幼虫。它们还吃长在灌木丛和小树上的浆果，常常在地面上进食，但它们更喜欢待在靠近灌木丛或树林的地方，这样可以掩护它们迅速飞离。

与现实生活的联系

极少数不依靠太阳获取能量的食物网之一是在深深的洋底。温度可达380℃的温泉处在平均深度 2 225 米、光线从未穿透到达的地方。支持在这个深度的生态系统的能量来自化学反应。温泉不仅提供热量，还释放出硫化氢（H_2S），这是一种与火山有关系的气体。生活在这个区域的细菌会把硫化氢转化成能量。细菌与其他生物（例如文蛤、贻贝以及大型管虫）之间存在着一种共生关系。以管虫为例，这种动物没有嘴或其他任何消化器官。但是在其每一小块组织里都有数十亿个细菌，它们完全依赖这些微生物来获取能量。细菌能够用硫化氢把二氧化碳转化成可以作为蠕虫食物的糖，反过来，蠕虫又为细菌提供了硫化氢。它们延伸到管外的鳃充满血红蛋白，这是一种红色染料，可以把硫化氢束缚在一起，使其能够被细菌利用。

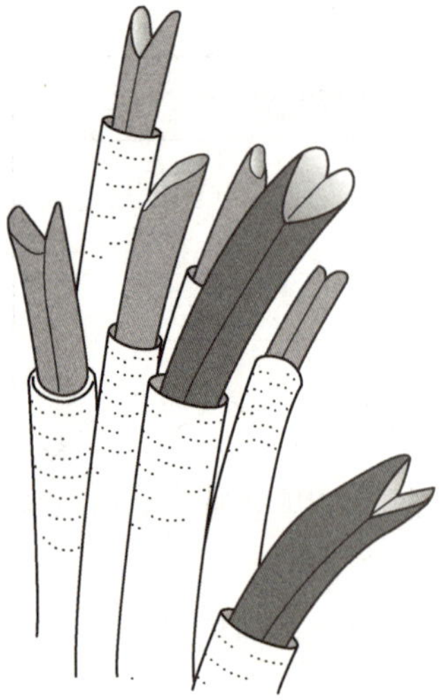

图 3　大型管虫

想要了解更多吗？

参见附录中“我们的发现”。

实验 16　牛奶中的群落演替

题　目

在放置很长时间的牛奶中可以观察到微生物群落的演替。

简　介

群落是生活在一起并相互产生影响的一群生物。随着时间的流逝，群落存在的环境可能会通过自然变化或者人类活动而发生改变。这些改变常常会造成一个物种取代另一个物种而成为这个群落内的主导生物。在生态系统内构成一个群落的物种发生的这种可预测的改变被称为“演替”。

随着时间流逝，生物群落从简单演变为复杂。每个进入这个生态系统的新物种都会对这一生态系统的环境产生影响。许多但不是全部生态系统都遵循着有序的系列变化，即以先锋物种开始，最后以顶级群落结束。先锋物种是最先栖息在一个地区的生物，例如在耕地里发芽的生长快速的草，或是在火山喷发后出现在岩石上的苔藓。这些先锋生物改变了环境，创造了不利于自己却有利于其他生物的条件。其间，群落会发生一系列的演替，直到最终阶段——稳定的顶级群落。

从牛奶中的细菌到森林里的植物和动物，所有类型的群落都可以发生群落演替。随着群落的发展，群落环境发生了改变。人们已经通过观察一片空地演化为橡树林和山核桃林(图 1)对演替做了一些经典的研究。这种演替需要花费几十年的时间。而另一方面，微生物群落的演替则发生得快

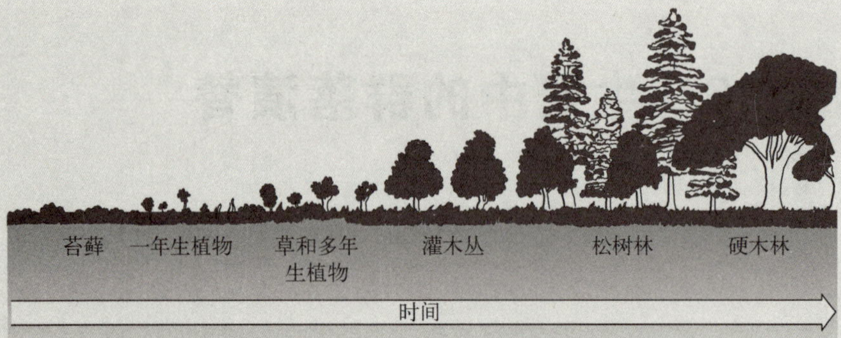

图1　一块空地的生态演替

得多。在这个实验里，你将观察到牛奶里的微生物群落随着牛奶放置时间的加长而发生的演替。

实验时间

A部分为30分钟

B部分在接下来的10天里，每天10分钟

实验材料

- 带盖的玻璃容器(例如容量为约0.6升的玻璃瓶)
- 恒温箱
- 酸碱值试纸
- 巴氏杀菌奶
- 实验记录本

安全提示

请仔细阅读并遵守本书“实验前必读”中的“安全准则”。

实验步骤　A 部分

1. 将玻璃容器灌满大约 2/3 的巴氏杀菌奶。

2. 把 1 张酸碱值试纸浸入牛奶中。拿开酸碱值试纸并让其干燥。

3. 把试纸的颜色与玻璃容器上的酸碱值表进行对比，找到牛奶的酸碱值。在数据表中“开始的第 1 天”那行中合适的一栏里记录下酸碱值。

4. 查看一下牛奶，注意是否有固体凝结块。在数据表中“开始的第 1 天”那行中的“黏稠度”一栏里描述一下牛奶。

5. 用手在容器上方朝鼻子的方向扇风，让牛奶的气味通过气流传过来。注意牛奶的气味，在数据表的“开始的第 1 天”那一行的“气味”一栏里写下你的发现结果。

6. 把盖子松松地盖在装牛奶的容器上。把容器放在温度为 37℃ 的恒温箱里。

数　据　表

	酸碱值	黏稠度	气　味
开始的第 1 天(第 1 天)			
第 2 天			
第 3 天			
第 4 天			
第 5 天			
第 6 天			
第 7 天			

实验步骤　B 部分

1. 在接下来的 6 天里，每天都要记录关于牛奶的数据，为此：

① 把装牛奶的容器从恒温器里拿出来。

② 小心地拿掉容器的盖子。

③ 测定牛奶的酸碱值。

④ 观察牛奶在黏稠度和气味方面的变化。

⑤ 在数据表中记录下你的发现结果。

⑥ 把盖子松松地盖在容器上，并把它放回恒温箱里。

2. 在观察期结束时（第 7 天），按照教师的要求处理牛奶。

3. 在实验记录本里画一个曲线图，用以比较在 7 天中牛奶酸碱值的变化。酸碱值放在 y 轴上，时间放在 x 轴上。

分 析

1. 根据曲线图，随着放置时间的加长，牛奶的酸碱值发生了什么变化？

2. 为什么你认为牛奶的酸碱值、黏稠度以及气味发生了变化？

3. 巴氏杀菌法不会杀灭牛奶中的所有细菌，它只会消灭对人致命的细菌。在你所检测的牛奶样品中，你认为那些没有被巴氏杀菌法消灭的无害细菌发生了什么变化？

4. 不是所有类型的生态演替都是可预测的。你认为在长时间放置的牛奶发生的微生物生态演替是可预测的还是不可预测的？说明理由。

5. 在生态演替期间，因为生态环境的改变，新物种取代了已有的物种。牛奶的生态环境是怎样随着时间的流逝而发生变化的？

6. 把牛奶中的生态演替与一块耕地被弃耕后发生的变化进行比较。

实验中将会发生什么？

微生物无处不在，它们的新陈代谢和生长状况随其所处的环境的不同而不同。如果环境的一个方面发生了改变，那里的所有生物都会受到影响。与所有的生物一样，细菌也需要营养。牛奶里的糖分——葡萄糖，是许多种类细菌的营养。

随着牛奶在实验期间放置时间的加长，牛奶里的微生物的数量和种类也发生了改变。第 1 天，当酸碱值为中性时，葡萄糖浓度很高，乳酸菌和链球菌繁殖旺盛（图 2）。这两种细菌对葡萄糖进行新陈代谢，把葡萄糖转化为乳酸和乙酸。结果牛奶的酸碱值降低了。酸性环境造成牛奶蛋白质——酪蛋白的固化或凝固。在酸性条件下，乳酸菌和链球菌死亡并且被酵母菌和耐酸细菌所取代。这

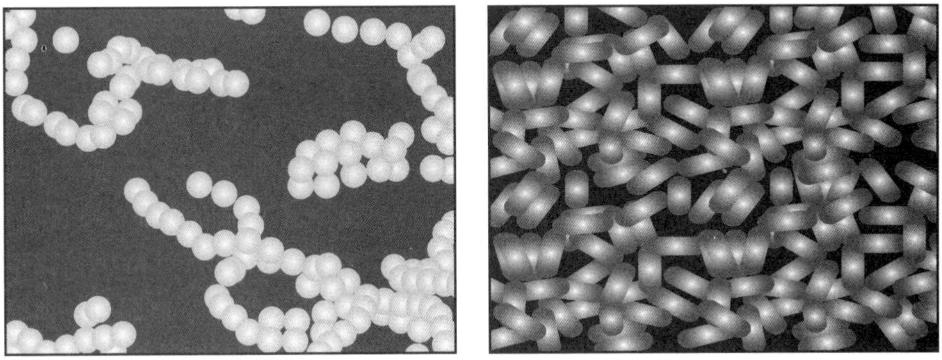

图 2　链球菌是圆形的;乳酸菌是杆状细菌

些微生物消化乳脂肪,并使牛奶带有一股腐臭味。微生物群落的这种变化就是演替的一个例子,因为牛奶环境的改变使新物种得以繁荣。

与现实生活的联系

牛奶里含有葡萄糖(一种碳氢化合物)、酪蛋白(一种蛋白质)和乳脂肪(一种类脂化合物),这 3 种养分成为细菌生长的最佳媒介。人类食用生牛奶是很危险的,因为生牛奶没有经过巴氏消毒,无害和有害的细菌都可能出现在生牛奶中。

牛奶在被包装和运送到商店前,先要被加热,这是一个消灭有害微生物但不会杀死所有细菌的过程。存活的无害微生物会随着牛奶存放时间的加长而繁殖,最终使牛奶变质。为了延缓牛奶里细菌的繁殖速度,牛奶包装商把牛奶冷藏起来,从而降低细菌的生长分裂速度。而在室温以上,牛奶中的细菌则繁殖得非常快。

想要了解更多吗?

参见附录中"我们的发现"。

实验 17　种子对昼长的适应性

题　目

种子发芽的速度受到所接受光照量的影响。

简　介

种子是植物的胚胎，它的食物供给包裹在一层保护性的种子外衣里。每一种类型的种子都是很独特的，种子的具体需求取决于它的遗传基因及其所处的生态环境。要想发芽，种子必须有氧气来进行细胞呼吸。在这个过程中，葡萄糖被转化成可用的能量。所有物种的种子都需要能量进行各自的生命活动。发芽所需的确切温度随物种而不同。有些种子在温暖的环境中才能茁壮成长，而有些种子则在非常寒凉的条件下发芽。种子在生长时需要水来进行化学反应。种子需要的光照量也不同。有些种子在发芽前需要光照，而有些种子则不需要。在本项实验中，你将弄清楚光照量是否会影响豌豆种子的发芽速度。

实验时间

第 1 天 30 分钟

在随后的 5 天里每天 25 分钟

实验材料

- 3 个三明治大小的塑料袋
- 防水记号笔
- 18 粒豌豆种子
- 6 张纸巾
- 3 盏植物生长灯或照明灯
- 水
- 卷尺
- 2 张坐标纸
- 实验记录本

安全提示

请仔细阅读并遵守本书“实验前必读”中的“安全准则”。

实验步骤　第 1 天

1. 回答分析问题 1。

2. 在塑料袋上分别贴上写有“4 小时”“8 小时”和“12 小时”的标签。

3. 用水把两张纸巾沾湿，挤出多余的水分使纸巾潮湿但不滴水。

4. 把纸巾折叠起来，放在标有“4 小时”的塑料袋里。把 6 粒种子摆放在湿纸巾的一侧(图 1)。

5. 对标有“8 小时”的塑料袋重复操作步骤 3 和步骤 4。

6. 对标有“12 小时”的塑料袋重复操作步骤 3 和步骤 4。

7. 在同一个房间里或温度相同的房间里放 3 盏生长灯或照明灯，每一盏灯上放置一个计时器。第 1 个计时器设置为 4 小时，第 2 个计时器设置成 8 小时，第 3 个计时器设置成 12 小时。

8. 打开所有 3 盏灯，把标有“4 小时”的那袋种子放在设置成 4 小时的照明

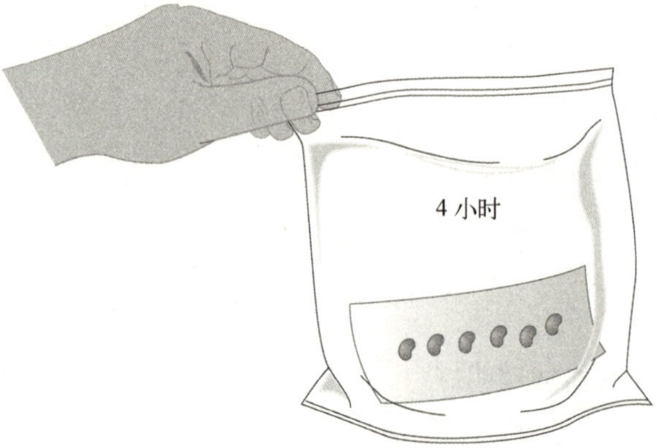

图 1　把种子摆放在湿纸巾的一侧

灯下，种子那面朝上。

9. 对标有“8 小时”和“12 小时”的装有种子的袋子重复操作步骤 8。

实验步骤　第 2—6 天

1. 复制 3 张数据表。一张标上“4 小时”，另一张标上“8 小时”，最后一张标上“12 小时”。

2. 在第 2 天打开标有“4 小时”的袋子，查看里面的种子。确定幼苗(发芽的植物)的长度。为了测量，要算出从种子那里延伸出来的根和幼芽的总长度(图 2)。算出所有 6 粒种子的总长度的平均值，并且在 4 小时那张数据表上标有“第 2 天”的那一栏中记录下这一平均长度。

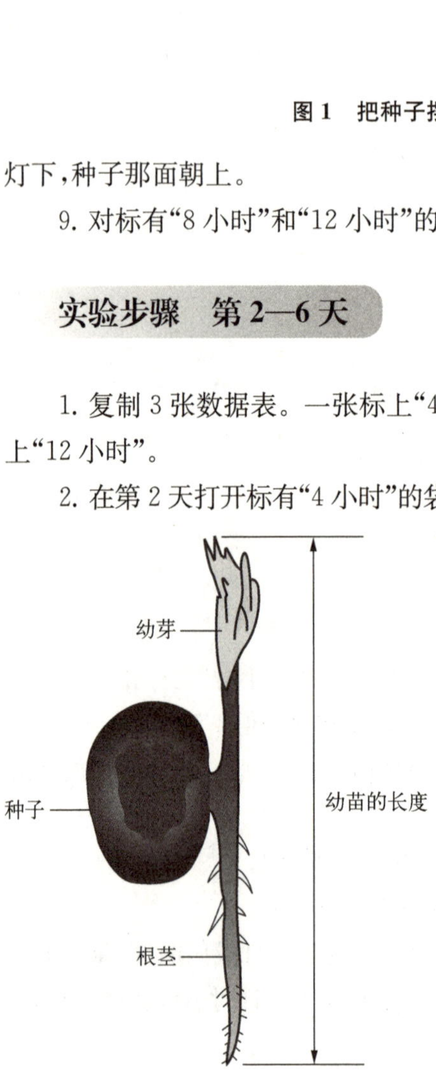

图 2

3. 数一数发芽种子的数量并记录在数据表上。

4. 对标有“8 小时”和“12 小时”的装有种子的塑料袋重复实验步骤 2 和步骤 3。

5. 每天重复实验步骤 2 和步骤 3，连续做 5 天。如果有必要，把纸巾沾湿。

6. 在第 6 天测量完之后，把结果绘

制成一张曲线图。沿着 x 轴和 y 轴分别写上“天数”和“发芽种子的数量”。用不同颜色的曲线来表示每张数据表里的数据。

数 据 表

	第 2 天	第 3 天	第 4 天	第 5 天	第 6 天
幼苗平均长度					
发芽种子的数量					

7. 绘制另外一张曲线图，用 x 轴表示天数，y 轴表示幼苗的平均长度，并在曲线图上标出数据。

8. 回答分析中的问题 2—5。

分 析

1. 提出一个关于“昼长是如何影响豌豆种子的发芽速度”的假设。

2. 检查记录在图表上的数据。写一段话描述一下你的数据和结论。这些数据是否支持你的假设？

3. 本实验中的变量是什么？

4. 解释一下你是如何控制问题 3 中所提到的变量的。

5. 设计一个实验来验证一下下面的这个假设：种子需要接受短时间的照明才能发芽。

实验中将会发生什么？

不同生态系统中的植物有不同的光照期，即植物对光照和黑暗的反应。在这个实验中，你将对一种植物进行实验以观察光照是如何影响其种子的发芽率的。光照量是实验因素，即你想要测试的因素。你要控制包括温度和湿度在内的几个变量。

把种子放在潮湿的纸巾上以保证湿度。当种皮吸收了湿气，这就是所说的吸涨过程，种子就开始膨胀开裂。种子组织中的水分激活了引起系列化学反应的激素。这些反应的结果就是种子中储存的淀粉转化成一种单糖——葡萄糖。胚体用葡萄糖作为种子生长所需要的能量。种了的一部分——胚根，向下生长进入土壤。种子的另一部分——胚芽，朝着阳光向上生长(图 3)。当所贮存的淀粉用完后，新形成的叶子开始进行光合作用，为以后的继续生长提供葡萄糖。

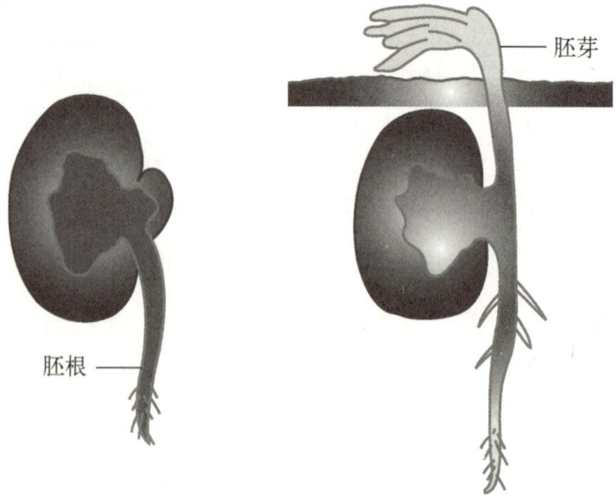

图 3

与现实生活的联系

许多植物在发芽前需要温暖的温度和长时间的光照。还有一些植物在温暖的温度之前需要一段低温期。这些种子含有抑制发芽的化学抗化剂，这些抗化剂只有在低温下才能逐渐减弱。这种适应性使得植物在其他条件还不适宜的寒冷季节里无法发芽。

种子对发芽条件的要求随生态系统而不同。热带植物的种子从未接触到起伏变化的温度或光照期。在热带温暖潮湿的环境中，种子可以在一年中的任何时间顺利地发芽生长。在干燥的生态系统中，种子会处于休眠状态直到条件适宜才发芽。休眠期的长短从几个月到几十年不等，在少数情况下，种子会休眠数百年之久。

想要了解更多吗?

参见附录中“我们的发现”。

实验 18　拟态的有效性

题　目

有些物种能够通过模拟有毒物种的外貌来躲避捕食者。

简　介

捕食者总是在寻找它们的下一顿美餐。为了保护自己，猎物们逐渐进化形成了可以帮助它们免遭捕食的适应性。有些猎物产生毒素来吓退捕食者。例如，有些帝王蝶的幼虫（图 1）以有毒植物马利筋的汁液为食。当它们长成成虫时，这些昆虫的体内就保留有毒素。如果鸟吞食了帝王蝶就会恶心呕吐，鸟很快就学会不再去碰这种令人恶心的猎物了。

帝王蝶　　　　总督蝴蝶

图 1　左边的帝王蝶有几个模仿者，包括总督蝴蝶。

图 2　路易斯安娜奶蛇(下)与得克萨斯银环蛇(上)非常像。

为了警告那些捕食者它们有毒,猎物都有警戒色。当一个捕食者吃掉它的第一个带有警戒色的猎物时通常会死去,然而,这个捕食者得到了一个教训,而这个物种的其他捕食者则会从中受益。模仿有毒猎物的物种也会从中受益,因为捕食者们也不再去吃它们了。有些种类的蛇也使用这种方法,有毒的银环蛇(图 2)有可以吓退捕食者的鲜艳颜色。这些相对较小的蛇已经逐渐进化形成了呈环形出现的红色、白色和黑色等鲜艳的警戒色。无毒的玉米蛇和王蛇也有相似的颜色和圆环。在这个实验中,你将会确定拟态是否会有助于猎物生存。

实验时间

45 分钟

实验材料

- 100 枚烘干的黑白斑豆
- 盛豆子的烧杯或纸杯
- 红色防水记号笔
- 铅笔
- 秒表
- 实验记录本

安全提示

请仔细阅读并遵守本书"实验前必读"中的"安全准则"。

实验步骤

1. 按每组 4 人进行操作。3 个人扮演捕食者，分别命名为"1 号捕食者""2 号捕食者"和"3 号捕食者"。第 4 个人充当计时员。

2. 黑白斑豆就是猎物。在 25 枚黑白斑豆的每一侧画上一个粗粗的红叉，代表这些猎物是有毒的。

3. 在另外 25 枚黑白斑豆的每一侧画上粗粗的红色直线，表示这些是看起来与有毒的物种很像，但却是无毒的。

4. 把 100 枚豆子全部放入烧杯或纸杯中。用铅笔将豆子轻轻搅拌均匀，然后小心地把这些豆子倒在桌面上。

5. 当计时员说"开始"时，1 号捕食者捡 2 秒钟豆子，一次只能捡起 1 枚豆子。如果捕食者不能捡起 5 枚豆子，那他就"死了"，退出比赛。如果捕食者捡起 1 枚带有红叉的豆子，那么他也会死掉，退出比赛。在第一轮捕食之后，1 号捕食者在数据表的第一轮一栏中记录下未作标记的豆子、画叉的豆子和画直线的豆子的数量，然后把所有的豆子放回到杯中。

6. 2 号捕食者和 3 号捕食者重复步骤 5 操作，每个捕食者以这种方式进行 5 轮比赛。

7. 算出每名捕食者捡出的未作标记的、画叉的和画直线的豆子的平均数。

分 析

1. 用自己的话给"拟态"一词做出定义。

2. 模仿者通常是有毒的还是无毒的？请解释。

3. 在这个活动中，为什么捕食者要避免捡拾有叉的黑白斑豆？

4. 查看一下数据表，哪种豆子被捡起的次数最多？是未作标记的还是画了红叉的豆子？

5. 根据这项实验，你会对拟态作为一种防御手段的有效性得出怎样的结论？

数　据　表

	第 1 轮	第 2 轮	第 3 轮	第 4 轮	第 5 轮	平均值
1 号捕食者						
未作标记的豆子						
画叉的豆子						
画直线的豆子						
2 号捕食者						
未作标记的豆子						
画叉的豆子						
画直线的豆子						
3 号捕食者						
未作标记的豆子						
画叉的豆子						
画直线的豆子						

实验中将会发生什么？

为了避免捡到带有红叉的代表有警戒色的有毒猎物的豆子，实验中的捕食者首先会捡起未作标记的豆子。这些未作标记的豆子很容易被看出是可以安全食用的。猎物发现，要区分有叉的豆子和有相似颜色的画有红色直线的豆子需要花费更多的时间。结果，在实验结束时，捕食者拣出的画有红色直线的豆子即便是有也不多。这些直线使它们看起来像“有毒的”猎物，从而保护它们免受捕食者的伤害。

这个实验中描述的捕食保护方法就是以英国博物学家亨利·瓦尔特·贝茨(Henry Walter Bates，1825—1892)的名字命名的贝茨氏拟态。有毒的生物就是被拟者，而模仿被拟者的生物则是拟者。尽管这种方法有助于保护拟者，但却对被拟者不利。如果捕食者第一次吃的是拟者，那么就不会吸取教训，因此也就不会把警戒色与危险联系在一起。

与现实生活的联系

贝茨氏拟态并不是动物保护自己免遭捕食的唯一方法。自拟态动物在身体上不靠近头部的地方出现大大的眼状斑点(图3)。捕食者通常袭击猎物靠近头部的地方以确保能杀死猎物。袭击沿身体外侧的区域能使猎物更容易存活下来。

图3 这只飞蛾用假的眼状斑点迷惑捕食者

另一种保护法是隐蔽色,也就是可以使猎物隐藏起来不被捕食者发现的图案、颜色和形状。例如,斑马的条纹可以使它与高高的野草融合为一体,使捕食者难于找到它。其中一种隐蔽色形式是伪装,这是一种使猎物看起来与周围环境很像的方法。螳螂是一种看起来非常像一段小树枝的昆虫,捕食者常常会注意不到它。

有些动物(如蛤蜊、龟或犰狳)是由外壳保护着。箭猪有用来保护自己的尖利的棘刺。还有其他一些躲避捕食使自己活下来的物种。奔跑、游泳或飞走可以保护猎物。为了警告其他的猎物,动物们可能会释放出警戒激素,化学信号,或者发出尖利的警告叫声。还有一些动物会释放出极其讨厌的气味来驱赶捕食者。臭鼬就是使用这种化学防御方法的最有名的物种。

想要了解更多吗?

参见附录中"我们的发现"。

实验 19　找到底栖生物群落

题　目

在池塘或湖底的动植物群中可以发现各种各样的动物。

简　介

如果你曾踏入池塘或湖水中就可能会感觉到脚趾间柔软的稀泥或沙子。在水体底部的土壤和岩石层就是底栖生物群。许多不同种类的无脊椎动物，即肉眼可见的没有脊椎的小型生物在此安家落户（图 1）。数量最

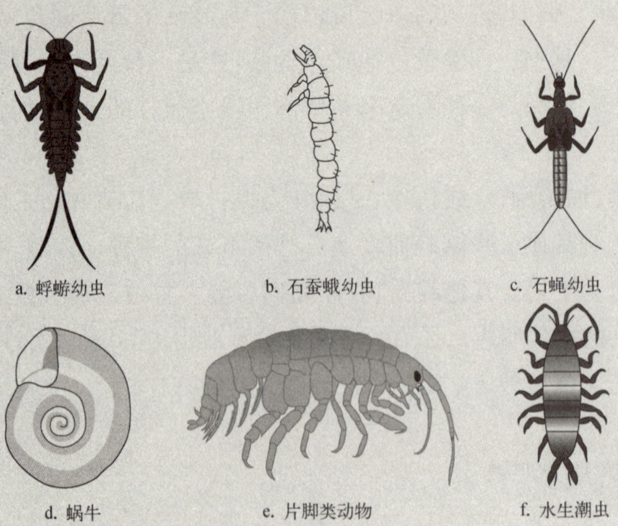

图 1

多的是蠕虫类的水生昆虫的幼虫，如蜉蝣、石蚕蛾和石蝇。另一些常见的动物是水生环节动物蠕虫，它们也像它们的陆生表亲一样是分节的，但却要小一些。还有两种软体动物，蛤蜊和蜗牛也是底栖生物。一些地方成为臭虫样的片脚类动物——水生潮虫（图 1f）和螯虾的栖息地。在这个实验中，你将要收集和认出淡水中的底栖生物。

实验时间

A 部分为 55 分钟
B 部分为 45 分钟

实验材料

- 捞网
- 抓斗采样器
- 小铲
- 美国标准 60 号或 30 号滤网
- 码尺
- 镊子或钳子
- 白色搪瓷或塑料托盘（大小应能够盛得下通过取样收集到的东西）
- 带盖的小收集罐
- 1 瓶福尔马林
- 2 个培养皿
- 连接互联网或获取有关底栖生物信息的书籍
- 放大镜或解剖显微镜
- 实验记录本

安全提示

穿上旧运动鞋或高筒防水胶靴和能防水的衣服。在户外水边工作时要和教师待在一起。在弄福尔马林时要戴上手套和护目镜。请仔细阅读并遵守本书“实验前必读”中的“安全准则”。

实验步骤　A 部分

1. 跟随教师到户外的淡水区，例如，池塘、湖或小溪。

2. 察看水边的底栖生物。在实验记录本上描述一下基质，即构成底栖生物的物质的情况，如柔软的(泥泞的)、多沙的或坚硬的(多岩石的)。

3. 在水深大约 0.3 米的地方用捞网滤过基质，把捞网来来回回在水中摆动几回，捞出基质上层的生物。

4. 把捞到的生物倒入白色的托盘中。

5. 用镊子把托盘中的生物跟沙子、石头、树枝以及一些其他可能用捞网捞上来的非生命物质分开。把这些生物放到采集罐中，向罐中加入足够多的福尔马林以没过这些生物。在罐子上贴上标签“上层基质样本，现场 1”。

6. 在同一地点用抓斗采样器收集一些土壤。

7. 将抓斗采样器中的东西倒入白色的托盘中。

8. 用小铲把抓斗采样器中的一部分东西撮到滤网中。把滤网放入水中轻轻来回摆动，用水冲洗直到采样器中所有的东西都过筛处理。把过滤后剩下的东西放入采集罐中。向罐中加入足量的福尔马林以没过这些生物。在罐子上贴上标签“基质取样，现场 1”。

9. 在另一处浅水地点重复步骤 2—步骤 8 的操作过程。

实验步骤　B 部分

1. 在教室里，用水清洗采集罐中的样本以去掉福尔马林。

2. 将样本进行分类整理，把一些物质放入培养皿内的一侧，用放大镜或解剖显微镜对其进行仔细观察。用镊子或钳子把生物和非生命物质分开，把生物放入培养皿中干净的另一侧。

3. 用分类参考和图 1 中的图片来帮助确认这些生物。在实验记录本上记下你所收集到的生物的名称和数量。

分　析

1. 你用捞网采集到的最常见的生物种类是什么?

2. 你用抓斗采样器收集到的最常见的生物种类是什么?

3. 统计一下你所收集到的数量最多的生物的相对丰富度。用你收集到的无脊椎动物的总数除以生物的数量就会得出相对丰富度。

4. 有些底栖无脊椎动物吃海藻和细菌,然后自己又被鱼吃掉。这些被吃掉的无脊椎动物对生态系统会有什么影响?

5. 假如你6个月后又回到同一地点采集无脊椎动物的样本,你就会发现,你现在所看到的物种中只有两种还继续生活在那里。请说明在底栖生物群落中发生这种巨变的原因。

实验中将会发生什么?

构成底栖生物群落的生物是极其多样的。在底栖生物样本中发现的无脊椎动物随生态系统特点的不同而不同,这些生物构成了淡水食物链的一个重要的组成部分。它们以海藻和细菌为食,反过来又成为鱼类的食物。

对于初学者来说,区分这些昆虫的幼虫是很困难的。这些蠕虫样的动物由成虫产在水中的卵孵化而成。未发育成熟的石蝇和蜉蝣看起来非常相像。要想区分这两者,首先要观察每条腿上的脚爪。石蝇每条腿上有两个脚爪而蜉蝣只有一个。接下来数一数尾须的数量,有两根尾须的是蜉蝣,有3根尾须的是石蝇。

石蚕蛾的幼虫很容易辨别,因为这些动物在身体周围筑成一个保护巢。每一个种类都会吐丝将细砂、树枝和碎屑等黏结成巢。石蚕蛾幼虫没有石蝇和蜉蝣那样的丝状须尾,相反,在它们的腹部有小小的腿状结构。

与现实生活的联系

底栖生物在生物监测方面,即用生物来判定生态系统的健康状况是非常重要的。如果淡水受到污染物的污染,那么这些化学物质就会进入到沉积物中,影响生活在那里的动物的健康和数量。无脊椎动物在生物监测方面尤其重要，因为几乎在所有的淡水系统中都可以找到它们。而且它们是定栖性动物，因此，即便它们的栖息地受到了污染也不会游到或爬到一个新的居住地。

在生物监测方面，科学家们找到几种指示物种，即其健康状况对污染程度具有指示作用的生物。有些污染物会造成藻类的过度繁殖。当这些藻类死亡，就会沉入到沉积物中，在那里它们会被耗氧菌分解。大量的这种耗氧菌会消耗光所有的氧气，造成大部分的底栖生物死亡。

图 2　分节蠕虫

一种可以耐受低氧环境的生物是分节蠕虫(图 2)。这些虫子柔弱娇小，体长通常不超过 2.5 厘米。特殊的适应性使它们能够在低氧的环境下生存。分节蠕虫的体壁非常薄，可以使氧气渗透到血液中，而且，这些水生蠕虫的血液中含有帮助结合氧气的色素。

想要了解更多吗?

参见附录中“我们的发现”。

实验 20　水对生物群落温度的影响

题　目

降雨影响生物群落在日落后温度下降的快慢。

简　介

生物群落是面积广大的生态社会，具有独特的气候和生命形式。生物群落中的所有生物都受到生物因素和非生物因素相互作用的影响。非生物因素包括光、降水、温度、云量、氧气的供应量以及土壤类型。一些生物因素包括物种的繁殖速度和每种生物在食物链中的位置。一个生态群落的生态是生物因素和非生物因素相互作用的总和。

在地球上的陆地生物群落中，热带雨林(图 1)和沙漠(图 2)代表着两个极端。每个生物群落的降雨量对那里的生命形式及诸如湿度和温度这些非生物因素有着直接的影响。在年降水量不到 25 厘米的沙漠生物群落里，气温在日落后很快就降了下来，在日出后又会快速热起来。在白天，沙漠中的气温可能会达到 38℃多，而到了夜晚，则会降到 4—10℃之间。因为沙漠中的土壤非常干燥，空气中含有的水分极少，所以相对湿度较低，从 10%—20%不等。

地球上最湿润的生物群落，热带雨林，每年的降水量约 200—450 厘米。湿度非常大，气温相对恒定，仅仅只在小范围内变化。日间的温度在 30—35℃之间变化。当太阳落山后，温度则降到 20—25℃之间。

图 1　热带雨林是极度潮湿的

图 2　沙漠是非常干燥的生物群落

在这两个完全不同的生物群落中的生物，具有使自身得以在栖息地生存下来的适应能力和特性。沙漠中的动物具有对致命的干旱和极端温度的特殊的适应能力。热带雨林中的生物则能应付得了潮湿的环境和相对稳定的气温。在这个实验中，你将要探究湿度是如何影响一个生物群落的夜间温度的。

实验时间

55 分钟

实验材料

- 2 个试管
- 大烧杯
- 2 支摄氏温度计，每个装有一个单孔橡胶塞
- 沙子(约 1/4 杯)
- 水(约 1/4 杯)
- 试管架
- 试管夹
- 一个有秒针的闹钟
- 加热板
- 2 支不同颜色的彩笔
- 实验记录本

安全提示

在使用加热板和装有热水的烧杯时要小心。请仔细阅读并遵守本书“实验前必读”中的“安全准则”。

实验步骤

1. 装入半烧杯水。
2. 将烧杯放在加热板上。将加热板调到高温的位置。
3. 将一支试管装满半管水，另一支试管装满半管沙子。
4. 把橡胶塞和温度计组装好放入试管中，使一支温度计的球部浸没到沙子

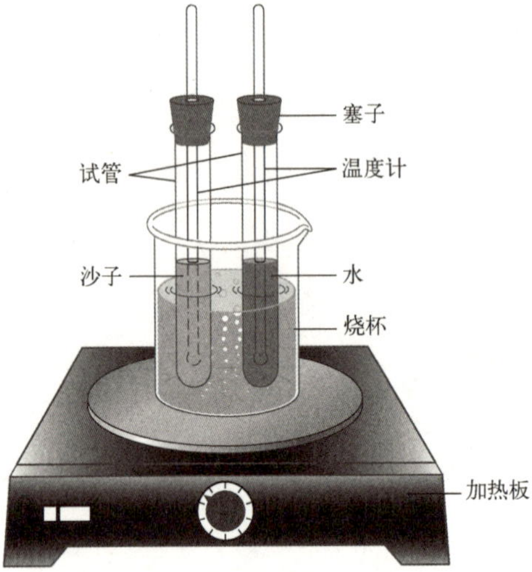

图 3

中，另一支浸没到水中。确保两支温度计的球部浸没到水中和沙子中的深度是一样的(图 3)。

5. 用试管夹将两支试管轻轻放入在加热板上加热的装有水的烧杯中。

6. 把试管加热到其中一支试管的温度达到 70℃。这时，用试管夹把那支试管从热水杯中取出。把这支试管放在试管架上，然后开始测量(步骤 7)。直到另一支试管也达到 70℃ 时再把它也拿出来测量。

7. 把试管从热水杯中取出后马上开始测量。每两分钟测量一次，把试管的温度记录在数据表上，总共记录 20 分钟。

8. 用数据表中的数据在你的实验记录本上制作一个曲线图。把两支试管在 20 分钟内温度的下降加以对比。方法如下：

① 把温度设为 y 轴，把时间设为 x 轴。

② 把两支试管的数据在同一个曲线图中绘制出来。

③ 用两支不同颜色的彩笔绘制两支试管的数据。

数 据 表

	起始温度	2分钟	4分钟	6分钟	8分钟	10分钟	12分钟	14分钟	16分钟	18分钟	20分钟
装水的试管	64℃										
装沙的试管	64℃										

分 析

1. 根据曲线图，哪支试管在 20 分钟的时间内失去的热量最多？

2. 哪支试管代表沙漠生物群落，哪支代表热带雨林？说一说为什么。

3. 你认为是靠近较大水体的地方还是没有水包围的地方在夜间温度下降

的快或慢？请解释说明。

4. 你认为还有哪些非生物因素对沙漠和热带雨林里的生命产生影响？

5. 你认为如果把一些沙漠里的动物搬到热带雨林中，或者反过来，把热带雨林中的动物带到沙漠里会发生什么？非生物因素的差别会对它们的生存产生影响吗？

6. 如果你测量了装有砾石的试管在 20 分钟内温度下降的情况，你认为，与沙子和水相比，装有砾石的试管的结果会是怎样？请说明理由。

实验中将会发生什么？

阳光到达地球使地表升温。有些物质升温缓慢并且可以长时间保持热量。另一些物质受热很快，但也会很快将热能散发掉。物质接收和存储热量的能力就叫作比热容。

水是一个巨大储热器，因为它的比热容非常高。水比干燥的沙子或土壤能更好地存储热量，并且向空气中释放热能也较缓慢。因此，在水体上方的空气保持温暖的时间要比陆地上的空气长。因为沙漠缺少水汽，所以在白天暖和得快并且在夜间凉得也快。日间的酷热和凉爽的夜晚就成为为什么许多沙漠地区的动物都是夜间活动的动物，即只在夜晚才变得活跃的原因。在白天，这些动物都躲在凉爽的窝里、洞穴里或是地道里睡大觉。

因为整天下雨，热带雨林的土壤饱含水分。一些水分蒸发到空中，形成非常潮湿的环境。所以，当太阳升起时，这个生物群落逐渐温暖起来，并且在夜晚缓慢地释放热量。热带雨林的动物不必将自己的活动仅限于在夜间进行。

与现实生活的联系

水的这种作为热量存储器的能力是缘于它的化学结构。水分子有两极：一端带有一个微小的正电核，另一端则带一个微小的负电核。这两个电核相反的两端相互吸引，形成了氢键(图 4)。

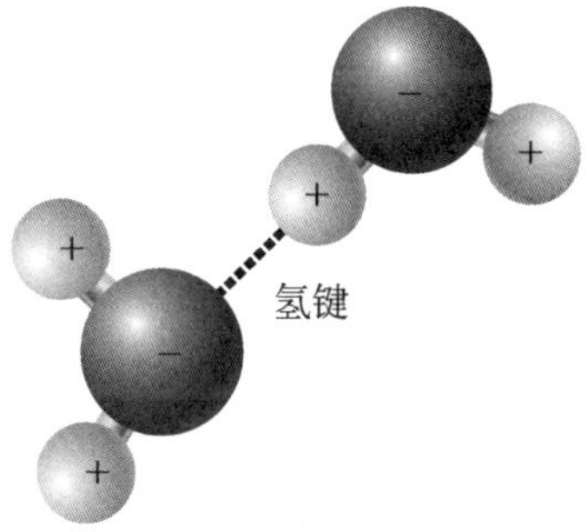

图 4　带有两极的水分子形成了氢键

热是分子活动的一个衡量标准。当水被加热时，首先要使用能量来打破氢键。一旦氢键被打破，水分子开始振动，温度就开始上升。反过来也是这样，当水冷却时，氢键开始在分子间形成。一旦氢键建立，水分子的活动减慢，温度也就开始下降。

想要了解更多吗？

参见附录中“我们的发现”。

附 录

实验环境的设置

这些实验根据所使用的材料和设备可以进行如下分类：

- 在学校实验室做的实验所用的材料和设备只能在科学实验室里使用。这些实验必须在实验室里由教师或其他成年人监护下进行。
- 家庭实验使用的都是家用和日常使用的材料。其中一些可以在家里做，但需要有成年人的监管。
- 户外实验可以在学校或在家完成，但需要有成年人的监管。

学校实验室

实验 8　表面积影响体温
实验 20　水对生物群落温度的影响

户 内

实验 1　族群的大小和年龄分布
实验 6　食物网
实验 7　生物群落学习中心
实验 9　捕食者与猎物的数量
实验 11　观察不同生物群落中植物的生长

实验 13　分解者在氮循环中的作用
实验 14　入侵物种对生态系统的影响
实验 16　牛奶中的群落演替
实验 17　种子对昼长的适应性
实验 18　拟态的有效性

实验场景

户　外

实验 2　　物种的多样性
实验 3　　植被监测
实验 4　　叶面积影响初级生产力
实验 5　　土壤生态系统中的多样性
实验 10　生态演替有哪些阶段?
实验 12　生态系统中的能量
实验 15　生态系统的构成要素
实验 19　找到底栖生物群落

我们的发现

实验 1　族群的大小和年龄分布

课堂讨论建议：给学生看一棵树的横截面(或一幅树的横截面图片)。就每一圈代表树木生长一年这个话题进行讨论。向学生指出，一些年轮靠得很近而有些则相距较远，启发学生找出这些差别的含义。

分　析

1. 这幅图显示，大部分的橡树都是幼树而大部分的松树都是成年树，因此橡树是较年轻的族群。

2. 橡树群生长得较快，因为它有更多的幼树。

3. 可能会有不同的答案。学生们可能会说用这种方法只能分析那些被砍下来的树。

4. 根据学生们的不同发现答案可能会有所不同。

5. 可能会有不同的答案。树的直径未必能反映出它的年龄。有些生长在阴暗地方的树可能会生长迟缓,因为它们无法得到和那些枝叶茂盛的大树一样多的资源。

6. ① A。在高尔夫球场上没有幼树,这表明它们已经被砍掉了;② 数据表3;③ 数据表2。

实验2　物种的多样性

课堂讨论建议: 让学生列出在将要收集数据的地方预计可能会发现的生物。在实验结束以后,将预计与调查结果进行对比。

给教师的提示: 在上课前,选定一块学生们可以收集数据的户外区域。不论是公园、一块草坪还是一片树林,任何一个户外的地方都可以。你可以用带子隔开一块地方或者让学生量出他们可以在里面计算物种的区域。如果这块区域比较大,所有的学生都可以在里面工作,或者也可以给每位学生一小块地方去研究。

分　析

1. 可能会有不同的答案。生态多样性就是一个区域中生命形式的不同种类。

2. 图2,群落B。

3. 0.025。

4. 0.40。

5. 答案会随着学生分析的区域的不同而不同。

6. 可能会有不同的答案。耕种会减少生态的多样性,因为农民会除掉那些不想要的植物来为想要的少数物种腾出空间。

实验3　植被监测

课堂讨论建议: 让学生描述一下学校附近的或是他们到过的3个地方的地被植物,以弄清楚学生对地被植物的关注程度。讨论不同地区地被植物出现差异的原因。确定哪个地方有自然地被植物，哪个地方是人工种植的。

分　析

1. 生态学家会了解生态系统中的主要植物并且弄清水的使用情况。

2. 可能会有不同的答案。

3. 可能会有不同的答案。

4. 可能会有不同的答案。

5. ① 9；② 5；③ 55.6%。

实验4　叶面积影响初级生产力

课堂讨论建议： 让几对同学讨论“初级生产力”一词在与生态系统有关时可能会是什么意思。让1—2对学生把他们的想法说给全班同学听。

分　析

1. 总生产力把用葡萄糖来维持植物的生命这一点考虑在内(因此会产生二氧化碳)，而净生产力则没有。

2. 细胞呼吸消耗能量。光合作用存储能量。

3. 可能会有不同的答案。优点是可以精确测量，不足是弄掉了植物所有的叶子。

4. 干旱，或者是任何其他损害叶片或造成叶片掉落的情况都会降低植物的生产力。

5. 答案会因所测量植物的不同而不同。

6. 可能会有不同的答案。学生可以把一片叶子切割成几何形状，算出每一个形状的面积，然后把这些形状加在一起来计算出叶片的总面积。也可以把叶片描摹到坐标纸上，然后计算描图内方格数，从而计算出叶片的面积。

实验5　土壤生态系统中的多样性

课堂讨论建议： 让学生列出一些可能在土壤中发现的生物。就下面这一话题进行：土壤环境必须为这些生物提供生命所必需的物质：食物、水、(大型生物所需的)氧气和空间。帮助学生弄清楚这些必需品是如何从土壤里获得的。

给教师的提示: 选择 3 个土壤截然不同的地点。要确保一个是土壤被压实的交通繁忙的区域,另一个是土壤松软、交通较少的地方。向学生演示柏利斯漏斗和无脊椎动物陷坑陷阱的使用方法。让学生看到,他们可以把土壤样本放到洗碗盆里,然后加一些水把无脊椎动物从土壤里分离出来。在学生写实验报告时,提醒他们比较一下 3 个地点无脊椎动物种类的数量。他们不必非得认识这些无脊椎动物。

分 析

1. 土壤中的无脊椎动物需要空间、食物、水和氧气。
2. 答案会因学生观察的不同而不同。
3. 可能会有不同的答案,但答案可能会包括掉落式陷阱的使用。
4. 答案会因实验结果的不同而不同。
5. 可能会有不同的答案,但答案可能会包括蠕虫、千足虫或蜘蛛。
6. 答案会因实验结果的不同而不同。

实验 6 食物网

课堂讨论建议: 让几组学生讨论他们每天都吃些什么。确定他们吃的食物中有多少是植物性食物,有多少是动物性食物。

给教师的提示: 一些食物链的例子包括:

草叶→蝗虫→蟾蜍→束带蛇

草籽→囊地鼠→鼬

草籽→松鼠→鹰

草茎→毛毛虫→蜘蛛→麻雀

草茎→田鼠→土狼

分 析

1. 植物。
2. 生产者到消费者。

3. 浮游植物→浮游动物→小鱼→大鱼→海豹→鲸鱼。

4. 6。

5. 可能会有不同的答案，但答案可能会包括真菌和细菌。

6. 如果没有分解者，死去的植物和动物就不会分解，它们体内的养分也不会被释放出来。

7. 生产者将太阳能转化成生物可以用来维持生命的化学能量。

8. 可能会有不同的答案。腐食性动物吃掉死去的生物并使其腐烂。

9. ① 草和杂草；② 蝗虫、囊地鼠、松鼠、毛毛虫、田鼠；③ 可能会有不同的答案，但答案可能会包括蛇、鹰或土狼。

实验 7　生物群落学习中心

课堂讨论建议：让学生在黑板上列出世界上的生物群落，看看学生是否知道自己是哪个生物群落的。

分　析

1. 60—90 天。

2. 只有在北美洲才有北极苔原，而高山苔原则出现在山区。高山苔原地区的气候可能不像北极苔原地区的那么冷。

3. 沙漠。

4. 在表层土下是终年的冰冻区，即永冻土层。

5. 动物有厚厚的皮毛来留住空气并隔离寒冷。许多动物还有大量可以帮助保持体温的脂肪。有些动物通过冬眠来度过寒冬，还有些动物迁徙到南方。

6. 桦树、柳树、地衣、苔藓和草。

7. 许多针叶林长着针一样的叶子，这样的叶子存不住雪和冰，减少了强降水造成的断枝。而且，较小的叶面面积还可以减少植物中水分的流失。

8. 6 个月。

9. 针叶林。

10. 温带落叶林。

11. 温带雨林。

12. 叶子的掉落使树能够在冬季处于休眠状态。

13. 地轴的倾斜。

14. 寒冷地区的沙漠要比炎热地区的沙漠有更多的降水量。

15. 奇瓦瓦沙漠、大盆地沙漠、莫哈韦沙漠和索诺兰沙漠。

16. 撒哈拉沙漠。

17. 可能会有不同的答案。许多动物在白天待在地下。大部分动物都有节水器官。

18. 沙漠非常干燥，干燥的空气不能存住热量及潮湿的空气。等到太阳落山时，沙漠中的热量就散发到了空中。

19. 北回归线和南回归线。

20. 在太平洋西北。

21. 热带雨林会更温暖，有更多种类的树。热带雨林的树要比温带雨林的树年幼。

22. 高草草原、混合草草原、矮草草原。

23. 野牛和叉角羚。

24. 南极洲。

实验 8　表面积影响体温

课堂讨论建议： 提这样一个问题：哪种动物散热最快，大型动物还是小型动物？让学生解释一下他们推断的原因。

分　析

1. 答案会因学生操作步骤的不同而不同。

2. ① 250 毫升的烧杯；② 150 毫升的烧杯；③ 50 毫升烧杯。

3. 答案会因实验结果的不同而不同。

4. 动物的体积越大，失去热量的速度越慢。

5. 来自食物。

6. 小型动物，因为小型动物失去了大量的热量并且必须通过吃来弥补失去的能量。

7. 可能会有不同的答案，但答案可能会包括光量、水的酸碱值、烧杯的类型以及水的初始温度。

实验 9 捕食者和猎物的数量

课堂讨论建议： 让学生辨认捕食性动物和它们的猎物。问这样一个问题：如果所有的猎物都消亡了，会对捕食性动物族群的规模产生什么影响？

分 析

1. ① 大约 55 000；② 大约 15 000；③ 大约 5 000；④ 大约 90 000；⑤ 小的。

2. 不。有时猞猁落到桌面上却没有碰到野兔。

3. 当捕食性动物的族群变大时，猎物的族群就会减少。

4. 可能会有不同的答案。当捕食性动物的数量增加时，猎物的数量就会减少。结果，捕食性动物的数量减少，这又导致了猎物数量的增加。

实验 10 生态演替有哪些阶段？

课堂讨论建议： 让学生给“生态演替”一词作出定义。在实验结束后对他们的定义加以修正。

给教师的提示： 在校园里或学校附近选几个地点，在这里学生可以看到生态演替的变化过程，例如，长在花坛中的种子或从人行道上破土而出的植物。

分 析

1. 可能会有不同的答案。演替就是一个群落随着时间经历的变化。

2. 初级演替指的是从来没有开发过的地方发生的演替。次级演替是指在有一些植物的地方发生的演替。

3. ——P——一次火山喷发在太平洋上形成一座新的岛屿。

——S——大火毁灭了一片森林。

——S——一个城区中心公园被遗弃。

——P——龙卷风过后，在已有的沙丘后又形成沙丘。

——S——一条甬道很少被使用。

4. 可能会有不同的答案。学生们可能会解释说，人类破坏了自然植物，改变了顶级群落的正常发展。

5. 有些动物以植物为食，在无法获得食物时不能进入该地区。

6. ① 出现岩石和几个先锋物种。② 土壤开始发育，出现更多的植物。③ 小型灌木林开始进入。④ 大型树木开始进入。

7. ① 草；② 大树；③ 阶段①、②、③；④ 大树减少了土壤的光照量。

8. 上排：左侧，4；右侧，1。下排：左侧，3；右侧，2。

实验 11　观察不同生物群落中植物的生长

课堂讨论建议：让学生根据温度和降水量来描述一下当地的气候，列出一些身边的动植物的特性。向学生指出，气候和居住在那里的生物是一个生物群落的特征。

给教师的提示：地球上主要的陆地生物群落包括沙漠、苔原、针叶林带、温带落叶林、草原、热带稀树草原、温带雨林、温带季雨林和热带雨林。给每个实验小组分派两个群落（如果没有足够多的冰箱和冷冻空间就删去寒冷地带的生物群落）。

分　析

1. 可能会有不同的答案。生物群落是一个有着一致的气候、植物和动物的巨大的地理空间。

2. 可能会有不同的答案。学生们可能会使用一盏灯或带有计时器的植物生长灯，或者他们可能会把罐子移入或移出由窗户照射进来的阳光区域。

3. 答案会因学生实验结果的不同而不同。

4. 可能会有不同的答案，也可能没有。

5. 答案会因学生实验结果的不同而不同。

6. 可能会有不同的答案，也可能没有。

7. 可能会有不同的答案。苔原和针叶林带的气候非常寒冷，只有少数几种耐寒的生命力旺盛的植物可以在苔原带生存。

8. 植物对于自身所处的生物群落具有适应性。通过在所有的生物群落中种植 3 种同样的植物，人们可以看到，有些环境比其他环境产生更大的生产力。

实验 12　生态系统中的能量

课堂讨论建议：让学生描述一下一些生长在学校附近的植物。作为课堂教学的内容，说出一些关于这些植物是如何影响学校所在地区的生态系统的想法。

分 析

1. 一些来自太阳的能量被反射回太空。

2. 可能会有不同的答案。

3. 可能会有不同的答案。一些非生物因素包括：土壤、风、水、可获得的氧气和温度。

4. 答案可能会取决于学生的实验。

5. 可能会有不同的答案。通常，裸露的生态系统要比那些有植被的生态系统温暖。

6. 可能会有不同的答案。去除原生植被或者以草或庄稼来替代原生植被通常会引起气候变暖。

实验 13　分解者在氮循环中的作用

课堂讨论建议： 让学生列出植物生长所需要的 4 个主要的巨分子（碳水化合物、脂肪、蛋白质和核酸）所包含的元素。让他们解释每一个巨分子的作用。让他们猜测如果没有某些元素会出现什么情况。

给教师的提示： 在进行实验前的一两个月准备一堆带有泥土的一层层堆积起来的碎枯叶肥料。保持一定的湿度，有助于堆肥中细菌的生长和树叶的分解。每隔一段时间到表层土部分是腐殖土的地方去看一看，收集一些不含有腐烂的落叶的土壤。

为学生培育玉米苗或豆苗。在实验前一周把种子种到泥盆中。要多种些种子以保证为每个实验小组提供 8 株苗。

分 析

1. 氮通过分解作用从死去的动植物机体组织中释放出来。

2. 答案因学生的实验结果的不同而不同。

3. 枯叶中仍含有其全部的养分。分解后的叶子已经发生了化学变化，向环境中释放氮和其他养分。

4. 变化就是土壤中增加了腐烂的叶子。

5. 可能会有不同的答案。但答案可能会包括当天的时间、温度和水量。

6. 如果所有的变量不保持不变，那么人们就无法解释实验的结果。

实验 14　入侵物种对生态系统的影响

课堂讨论建议：向学生们说明，如果他们要去另一个国家旅行，是不能把那个国家的植物带回到本国的。向学生提问，为什么把外来植物带回本国是个糟糕的想法。

分　析

1. 答案会因模拟的项目的不同而不同。

2. 族群的数量会因捕食者与猎物的关系而保持稳定。

3. 兔子消耗了大量的植物，使羊无法得到足够的食物。

4. 可能会有不同的答案。但学生可能会说不，没有足够的食物。

5. 葛藤是一种入侵物种，因为人们将它引进到一个新的环境中，并且没有任何自然的天敌。葛藤与一些土著植物争夺食物和水，因为葛藤生长很快，它可以覆盖住大片长有植物的区域，使这些植物照不到阳光。

实验 15　生态系统的构成要素

课堂讨论建议：让学生提出一些方法，在课堂上可能会用这些方法收集关于当地生态系统构成方面的信息。把他们的想法作为这个实验的一个入门活动。

分　析

1. 生态系统是指生物群落间与环境构成的统一整体。

2. 太阳为生态系统提供能量。

3. 答案会因所观察动物的不同而不同。

4. 答案会因所观察动物的不同而不同。

5. 答案会因所观察位置的不同而不同。

6. 可能会有不同的答案，但答案中应包括几种植物和动物。

7. 可能会有不同的答案。微生物在生态系统中无处不在。它们有包括产生葡萄糖和分解在内的几大功能。

8. 可能会有不同的答案。但答案可能会包括：① 生物只能在很小的温度范围内存活；② 生物需要氧气；③ 生物需要水。

实验 16 牛奶中的群落演替

课堂讨论建议： 看看学生们对细菌以及细菌在我们的生活中无处不在的这一特性知道多少。向学生们指出，几乎可以在所有的地方找到细菌。对“大多数细菌对人类来说都是无害的”这一话题进行讨论。

分 析

1. 牛奶的 pH 值随着时间的推移而下降。因为放置时间久了牛奶会变得更酸。

2. 可能会有不同的答案。牛奶发生改变是因为牛奶中的微生物族群在发生变化。

3. 可能会有不同的答案。无害菌的数量增加了。

4. 可能会有不同的答案。在牛奶的演替过程中出现的物种是可预见的。

5. 牛奶变得更酸了。

6. 在牛奶中，每一种进入的物种都使牛奶发生改变，使它适合于其他物种的生存。在一片弃耕地里，每一种进入的动物或植物都使其发生改变，使其他物种可以在这里立足。

实验 17 种子对昼长的适应性

课堂讨论建议： 与学生讨论一下当地的播种时间。让他们假设自己是农民，提出自己庄稼的最佳种植时间。

分 析

1. 可能有不同的答案。学生可能会写出日照时间至少为 8 小时，种子的发芽情况最好。

2. 答案会因实验结果的不同而不同。

3. 可能会有不同的答案。可变因素包括温度、水量、肥量和位置(并不仅限于这些)。

4. 可能会有不同的答案。

5. 可能会有不同的答案。学生可能会建议将一些种子加热并和用作对照标准的未被加热的种子一起种下。

实验 18　拟态的有效性

课堂讨论建议： 让学生列出一些捕食者及其猎物。让学生回答这些猎物是如何保护自己不受捕食者的伤害的。

分　析

1. 可能会有不同的答案。拟态是指一种生物模拟另一种危险或有毒的生物的现象。

2. 模仿者通常是无毒的。它们靠与另一种有毒生物的相似来保护自己。

3. 带有红叉的豆子是有毒的猎物。

4. 未作标记的黑白斑豆比做了标记的豆子的数量多。

5. 可能会有不同的答案。拟态使生物得到保护，因为捕食者很难把模仿者与它们所模仿的有毒动物区分开。

实验 19　找到底栖生物群落

课堂讨论建议： 让学生说出池塘中一些有动物生活的地方。向学生介绍这样一个事实：有些生物生活在池塘底部的淤泥中。

复习昆虫蜕变的概念。

分　析

1. 答案会随着实验地点和一年中的时间的不同而不同。

2. 答案会随着实验地点和一年中的时间的不同而不同。

3. 答案会随着实验地点和一年中的时间的不同而不同。

4. 底栖无脊椎动物的消亡会打乱整个食物链。这些动物吃底层食物链中的生物，即食用生产者。因此它们的消亡会影响到它们上层的整个食物链。

5. 可能会有不同的答案。一些物种的消亡和生物族群发生的变化表明，污染物已经降低了水质。

实验 20　水对生物群落温度的影响

课堂讨论建议： 重新复习一下相对湿度的概念，并对相对湿度对动植物产生怎样的影响进行讨论。

给教师的提示： 在活动之前将温度计放在一个单孔的塞子里为学生作好准备。

分　析

1. 装有沙子的试管失去了大部分的热量。

2. 装有沙子的试管代表沙漠，因为沙子就像沙漠群落一样非常干燥。装有水的试管代表热带雨林，因为雨林是非常潮湿的。

3. 靠近水的地方在晚上凉得更慢。水含有热量并向周围缓慢地释放出来。

4. 可能会有不同的答案，但答案可能会包括风、土壤的矿物质和可获得的光照。

5. 可能会有不同的答案。非生物因素的差异可能会对它们的生存产生重要的影响。例如，一只生长在热带雨林的青蛙无法在沙漠的阳光直射和高温下存活。

6. 可能会有不同的答案，砾石要比沙子凉得慢但比水凉得快。

海洋篇

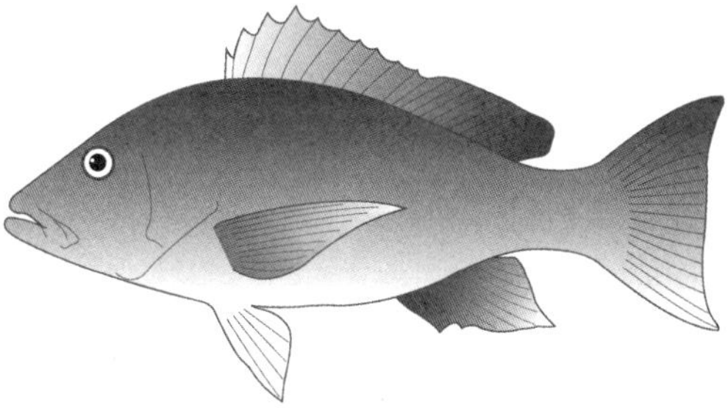

简 介

无论从海岸边，还是从船只的甲板上，无边无际的大海看起来都是一个神秘的世界。虽然海洋是无数生物的家园，可是我们基本上很难看到和接近海里的生命形态，海洋也依然是地球上开发程度最低的区域。尽管如此，也正因为这一点，我们无法抗拒对那迷人的海洋世界的好奇心。近年来，随着相关技术的发展，大量的科学研究取得了新成果，使我们有可能揭示出海洋中更多的秘密。

海洋科学是一门综合性学科，包含了生物学、化学、物理学、地质学以及环境科学等学科领域。研究海洋生物属于生物学范畴，研究对象为各种有机体及其相互关系和所处的生态系统。海洋地质学研究水文地理、矿物圈和海床等。科学家还要从化学角度研究水环境，从物理学角度研究波浪和光现象。由于全球气候的变化，海洋科学研究的一项重要任务是了解海洋的生态环境。

《40 个生态和海洋科学实验》是“新知图书馆”中的一册，其中“海洋篇”为教师和学生提供了 20 项实验，介绍与海洋相关的物理学和生物学的基本原理。本书的另一目的是帮助学生理解海洋和海洋生物的特点。每项实验都得到了课堂教学的实际检验，能够拓展学生对科学知识的理解，提供对科学本质的认识。其中的探究活动建立在学生对海洋的好奇心基础上，非常适合中学的中、高年级学生使用。

基于生物学的实验项目包括“海洋鱼类分类法”，运用了林奈的分类体系，通过身体特征来识别鱼类。“鱼类的生存空间”实验是一项探究活动，要求学生提出假设，然后设计实验内容，研究鱼群中的个体数量对个体的生长发育的影响。学生在“海洋浮游生物”实验中将了解构成海洋浮游生物群落的部分生物，借助显微镜对浮游生物进行观察之后，确定其摄食策略以及在食物网中的地位。

“盐沼生物群落”是一项现场研究活动，指导学习者到沼泽地进行实地考察，观察、研究和分析该地区的生物。“幼鱼栖息地的选择”揭示的是栖息地的差异性，使学生认识到不同类型的栖息地会对幼鱼产生有利和不利的影响。从环境和生存方式的角度来看，所有海洋生物都具备特有的适应性。学生在“棘皮动物的适应性”实验中要研究活体海星，并制作其水脉管系统的模型。

学生在“海胆的受精过程”实验中进一步了解海洋生物当中常见的体外繁殖过程。地球上的大多数发光生物生活在海洋中，可是很少有学生能亲眼看见。“会发光的藻类 ”实验要求学生观察能发光的腰鞭毛虫并确定使其闪光的刺激源。从泥沙到水体表层，鱼类生活在海洋的各个角落。关于“鱼类适应性”的实验使学生掌握动物适应特定生存环境的生理结构和行为特征。在“海洋食草动物食谱”实验中，要研究两种海洋食草动物的摄食偏好。而“除草剂对非目标生物的影响”是一项探究型实验，由学生设计实验步骤，调查水中添加的化学物质对非目标生物的影响。

水流的运动规律、波浪的空气动力学原理以及海水的化学特性等方面也是海洋科学研究的内容，需要掌握相应的物理和化学知识。“漂浮秘诀”实验要求学生研究浮游生物的体型、体积和结构，用自主设计的模型证明保持漂浮状态的条件。“大洋输送带”实验将评估温度和盐度对水密度和洋流的影响。学生们在“海域划分”实验中会发现水下生命的外观形态取决于光照条件。在“测量盐度”实验中，学生使用液体比重计实际测量盐度的变化。

海洋地质学家喜欢研究海底的构造和物质成分。海底地图是一种非常有用的地质工具。在“海底等深线图”实验中，学生们将研究海底构造，制作某些构造的模型，并利用模型绘制等深线地图。“海洋沉积物”实验研究海底沉积物的类型。在“解读海洋沉积物”实验中，学生们要研究采集沉积物样本的技术。

实验1　海洋鱼类分类法

题　目

“分类检索表”可以用于识别海洋鱼类。

简　介

地球生物的多样性令人惊叹。因为各种生物的种类多达数百万，为了便于研究，科学家需要对所有生物进行分类。“界”是第一个，同时也是最宽泛的类别。早期的分类学家卡尔·林奈乌斯(Carl Linnaeus，1707—1778)将所有的生物划分为植物界和动物界。后来科学家们发现蘑菇和其他菌类并非植物，所以增加了第三大类别——“真菌界”。随着显微镜的发明，科学家能够观察到诸如变形虫之类的单细胞生物，因此又划分出了“原生生物界”。最晚确立的生物界包括最微小的生物——细菌。在极端环境下发现了“古细菌界”的成员。普通细菌被归为“真细菌界”。

在林奈分类法当中，生物依照阶元系统进行分类。每一界向下分为较小的类别——门。进一步的分类又包括纲、目、科、属和种。每种生物的具体学名所用的就是属和种的概念。科学家在进行生物分类时，利用了生物在进化、生化和形态方面的各种特征。在实地辨别生物种类时，其形态特征是一项特别重要的依据。

“分类检索表”可以指导我们按照形态特征区分鱼类和其他海洋生物。如果发现了一条不知名的鱼，在分类检索表上能查到名字。先读取表中两条描述特征的说明文字，然后选择一条与所辨认的鱼相符的内容。本实验要求使用分类表识别一些海洋鱼类。

实验时间

第一部分 30 分钟
第二部分 30 分钟

实验材料

- 实验专用的实验记录本

安全提示

请仔细阅读并遵守本书“实验前必读”中的“安全准则”。

实验步骤 第一部分

1. 仔细观察图 1，注意图中标注的背鳍、脂鳍、胸鳍、腹鳍、臀鳍、小鳍和尾鳍的所在位置。这些鱼鳍是区别鱼类的重要体态特征。鱼的背鳍有的部分可能是柔软的，也可能有尖刺。另外一个识别参照是从鳃盖延伸到尾鳍的侧线。还要注意底栖鱼类常有的触须。

2. 观察图 2 所示鱼类尾鳍的不同形状。尾鳍的特征可用于识别鱼类。

3. 观察图 3 当中的 1 号鱼；阅读数据表——“海洋鱼类检索表”的条件 1a 和条件 1b 的文字描述。注意条件 1a 描述的是 1 号鱼，并且提示“进入条件 2”。

4. 阅读下页表中条件 2a 和条件 2b 项的内容。1 号鱼有腹鳍，所以选择条件 2b，并告诉你“进入条件 3”。

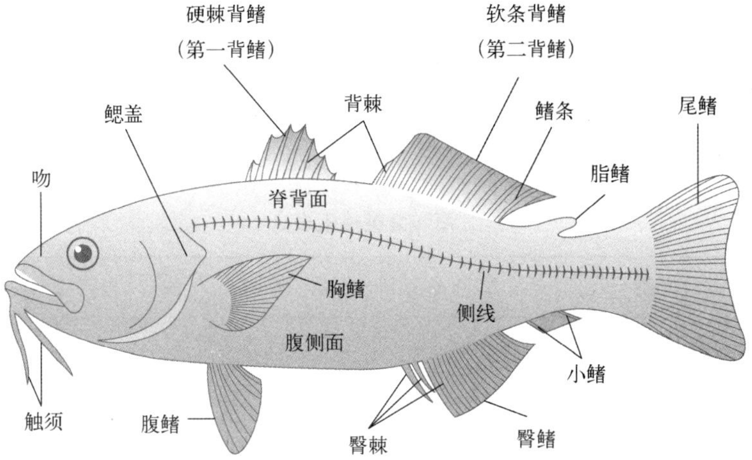
硬棘背鳍
（第一背鳍）
软条背鳍
（第二背鳍）
背棘
鳃盖
鳍条
尾鳍
吻
脂鳍
脊背面
胸鳍
侧线
腹侧面
小鳍
触须
腹鳍
臀棘
臀鳍

图 1

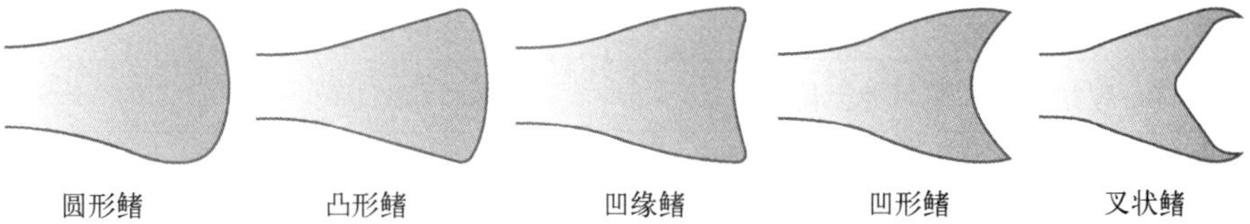
圆形鳍
凸形鳍
凹缘鳍
凹形鳍
叉状鳍

图 2　鱼鳍

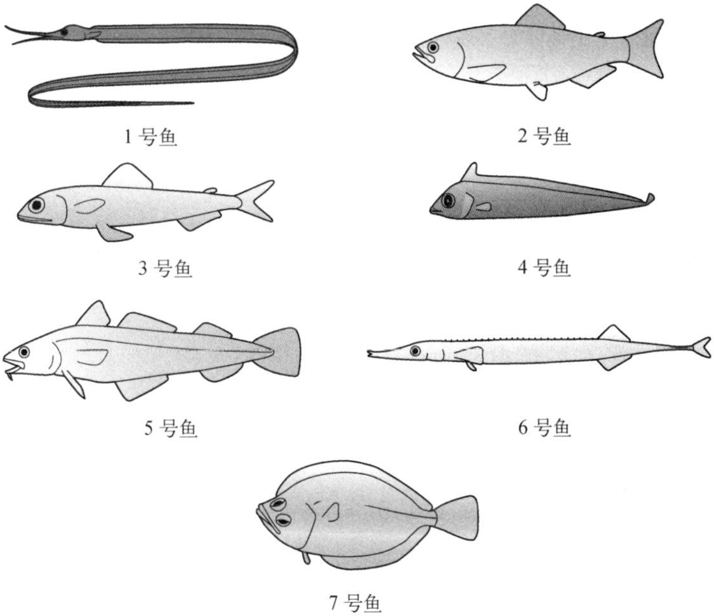
1 号鱼
2 号鱼
3 号鱼
4 号鱼
5 号鱼
6 号鱼
7 号鱼

图 3

5. 阅读条件 3a 和条件 3b 内容。1 号鱼的腹鳍由头部延伸至尾部，可知 1 号鱼属于线鱼科，即我们熟知的线口鳗鱼。

6. 观察 2 号鱼，并运用检索表确定其所在的科。

7. 重复实验第 6 步，对 3、4、5、6 和 7 号鱼进行分类。

海洋鱼类检索表

条　　件	结　　果
1a. 背鳍从头部延伸至尾部	进入条件 2
1b. 背鳍不从头部延伸至尾部	进入条件 4
2a. 无腹鳍	粗鳍鱼科（带鱼）
2b. 有腹鳍	进入条件 3
3a. 腹鳍从头部延伸至尾部	线鱼科（线口鳗）
3b. 腹鳍不从头部延伸至尾部	鲆科（比目鱼）
4a. 一条背鳍	进入条件 5
4b. 多条背鳍	鳕科（鳕鱼）
5a. 背鳍有突出的硬骨棘刺	管吻刺鱼科（管吻刺鱼）
5b. 背鳍没有突出的硬骨棘刺	进入条件 6
6a. 叉状尾鳍	狗母鱼科（蜥鱼）
6b. 不分叉的凹形尾鳍	鲑科（鲑鱼）

实验步骤　第二部分

1. 观察图 4 所列的鱼类，每种鱼标注了所属科名称。
2. 自己编制一套检索表，识别下列鱼类。
3. 与同学交换检索表，并用同学的检索表识别每种鱼。

分　析

1. 你认为科学家使用分类学检索表的原因是什么？

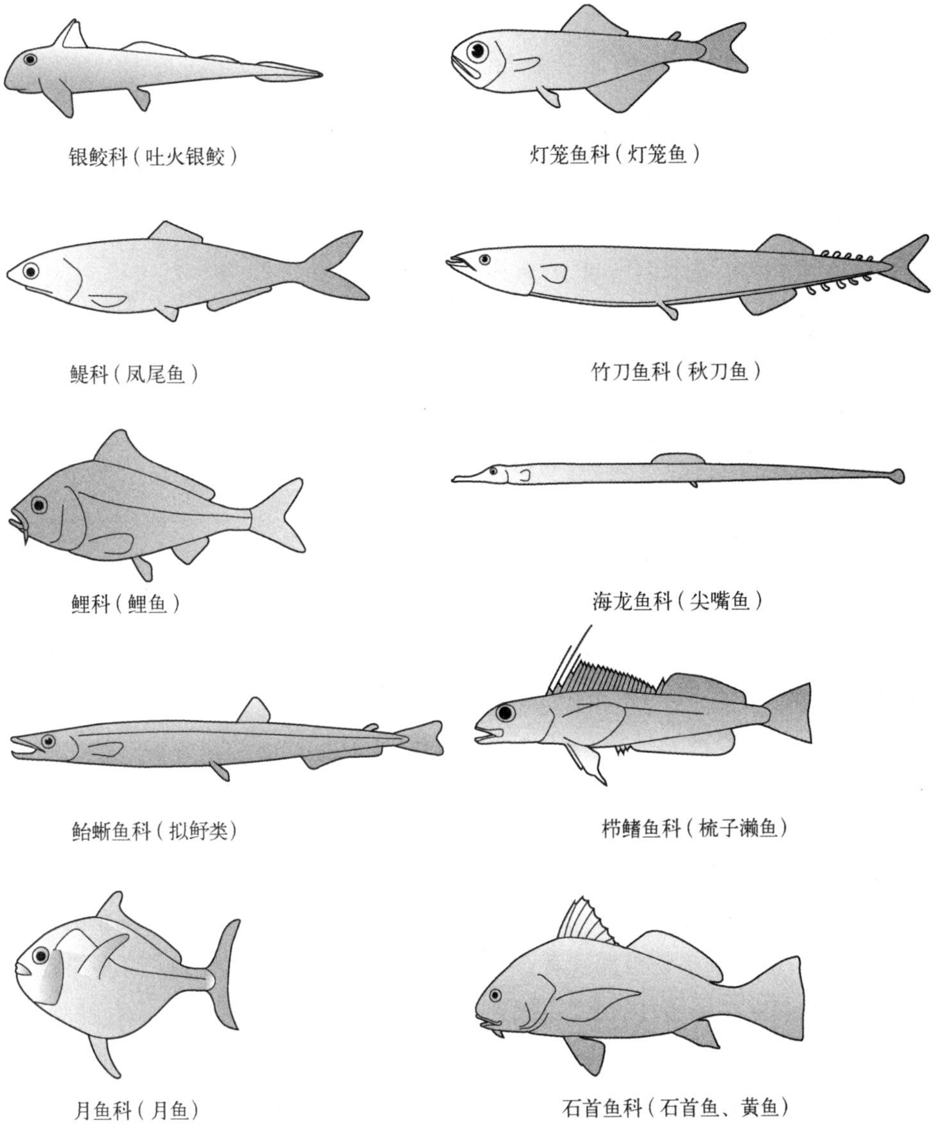

图 4

2. 列出图 3 中 2—7 号鱼的所属科名称。
3. 在实验的第二部分，你在编制自己的检索表时关注了鱼类的哪些特征？
4. 在检索表中还有可能运用哪些其他的特征？
5. 列举出其他 5 种可以用分类学检索表识别的海洋生物。

实验中将会发生什么?

我们把鱼类分为两大类：软骨鱼和硬骨鱼。第一类包括鲨鱼和鳐鱼，它们的骨骼由软骨构成。硬骨鱼的类别远远多于软骨鱼，包括了软骨鱼之外的所有鱼类。所有鱼类均是冷血动物，其体温变化取决于所处水域的温度。这些水生动物依靠腮从水中获取溶解氧。

硬骨鱼的体表覆盖着鳞片和一层很滑的黏液，起到减少阻力的作用，鱼鳃处于鳃盖的保护之下。硬骨鱼的侧线位于身体的纵向，实际上是皮下的管状感受器官，能侦测水中的运动变化。尽管尾鳍起到协助鱼类前进的作用，但全身的运动才能产生足够的推动力。成对的胸鳍和腹鳍使鱼能上下升降或停止前进。

与现实生活的联系

鱼类具有很高的环境适应性，身体构造特征也表现出多种相应的变化，包括嘴的大小和形状、鱼鳍以及眼睛的大小和排列方式等。鱼头吻部末端的嘴是专门用来在开阔水域摄取食物的，换句话说，如果鱼嘴开口角度向下，并且上颚长于下颚，就说明这种鱼在水底觅食。如果坚硬的颚骨长有牙齿，表明是掠食性鱼类，而吮吸状小嘴则适合吃植物或小型生物。嘴周围的触须是底栖鱼类的适应性特征，能帮助感知外界信息。

身体细长、类似鳗鱼的鱼类善于躲在礁石和植物缝隙之中；鱼雷体态的鱼类游泳速度快；圆形的不易被捕食者吞下；腹部扁平的则生活在水底。许多游速快的鱼类生有较大的尾鳍，以便产生额外推动力。某些鱼类的鳍附近长有棘刺，起到保护作用。双眼位于头部一侧的品种静候在水底伺机捕捉猎物。生活在开阔水域的鱼类眼睛较小，而光线微弱的深水之中的鱼类则普遍长着大眼睛。

想要了解更多吗?

参见附录中“我们的发现”。

实验2　鱼类的生存空间

题　目

鱼群的整体数量影响着个体的生长和发育。

简　介

与其他生物一样，鱼类同样需要食物、水和生存空间。鱼类生存空间的大小影响着它们的行为、生长速度和繁殖速度。鱼类会占据领地，以供它们生活、猎食和养育后代。在野生条件下，不同鱼类的领地范围大小各不相同。有时候，几种鱼会共用栖息地。而在其他情况下，某一种鱼会保护自己的领地，极力驱逐入侵者。本实验的目的是研究种群密度和领地缺失对鱼类生长速度的影响。

实验时间

首日 55 分钟

其后每天 30 分钟，每周 2 次，为期 1 个月

实验材料

- 2 个带循环泵的鱼缸

- 鱼缸分隔板或屏幕
- 30 尾白鲦鱼
- 捞鱼网
- 鱼食
- 直尺
- 除氯水源
- 实验记录本

安全提示

请仔细阅读并遵守本书“实验前必读”中的“安全准则”。

实验步骤

1. 自主设计并操作实验，研究种群密度对鱼类生长速度的影响。

2. 可以使用指导教师提供的任何材料，但不必全部使用。

3. 回答分析问题 1。

4. 为了发现鱼群密度对生长速度有何影响，必须设定控制组（即对照组），本组鱼的密度要小。实验中的其他所有变量一定要相同，即实验组和控制组的水温、投食量、氧气供给等条件必须一致。

5. 实验前需要确定实验的具体步骤。在实验数据表中记录下你所计划要做的每一步骤（即实验步骤）和要使用的实验材料（材料明细），并将拟定的实验步骤和材料明细上交指导教师。获得教师认同后继续进行实验操作，如未得到同意，要修改计划后再报告教师。

6. 得到教师的同意后，整理所需器材，然后按计划开始实验操作。

7. 收集实验数据，记录在自主设计的数据表上。

8. 回答分析问题 2—5。

分 析

1. 提出一项假设，说明鱼群的拥挤程度怎样影响个体的生长速度。
2. 本实验的对照组是什么？
3. 为什么实验中要有对照组？
4. 你的假设正确吗？解释正确与否的原因。
5. 如果重新做实验，有何改进措施？

自主实验数据表

实验步骤	
实验材料	
教师意见	

实验中将会发生什么？

作为实验对象的白鲦鱼是淡水鱼类，对生存空间大小的反应与海洋鱼类的反应非常相似。若要研究鱼群生长速度与拥挤程度的关系，使用的办法是设置两个同样大小的水箱，其中一个只放养几条小鱼，另一个则投放 20—30 条同样大小的鱼(参见图 1)。为了测量鱼的生长速度，先要知道所有鱼的原有长度。用网把鱼从水箱中小心捞出，用几秒钟时间测量自头吻尖端到尾端的体长(参见图 2)。测量完毕后的鱼可以先放入水盆内，直到量完全部实验对象。过多触碰会伤害小鱼，所以测量工作一定要快速，并且不能造成损伤。

一些针对鱼类种群的研究表明鱼类对生存空间很敏感。因为个体所能得到

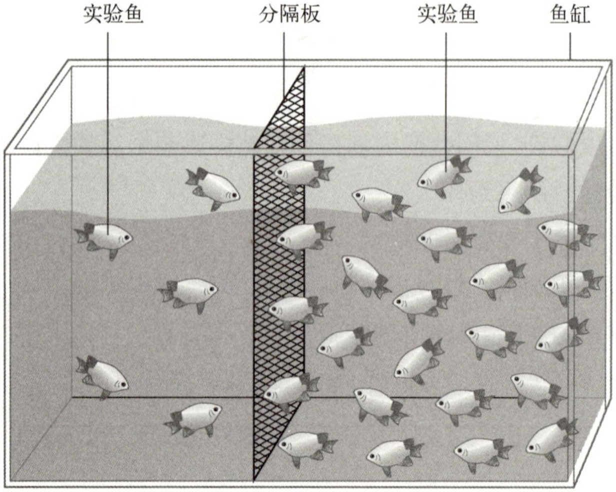

图 1

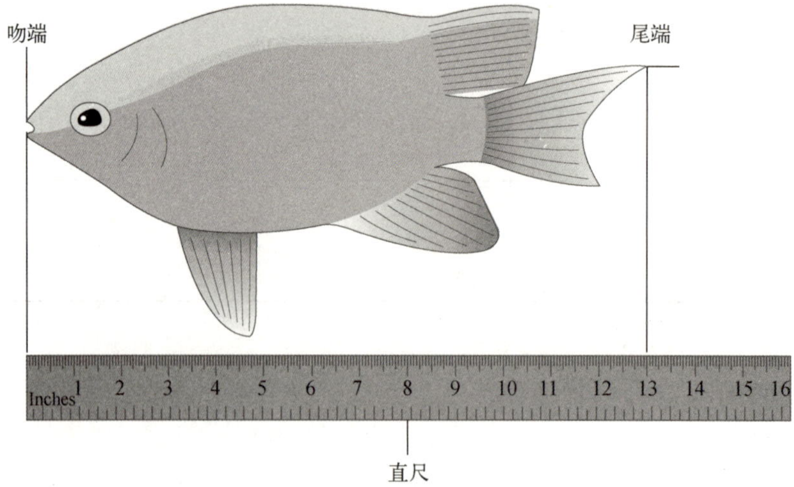

图 2

的食物减少了，所以鱼群密集度过大使得个体生长减慢或停止。另外，在拥挤环境下的鱼类繁殖期间隔变长了，相互间更容易传播疫病和寄生虫。

本实验中的对照组和实验组的数量能够掌握，但在野生水域中，科学家需要不同的方法达到目的。有一种被称为标记再捕法，就是在捕获的动物身上放置识别标签，然后将其放归到原来的野生环境中。经过一段时间，重新捕获相同种群的动物，用捕获的个体数量可以估算整个种群的规模。

与现实生活的联系

为应对不断缩小的野生鱼类种群，人们将目光转向了鱼类养殖，这是水产养殖业的一部分。水产养殖的其他对象还包括虾、牡蛎、蛤蜊等。鱼类养殖是地球上发展最快的动物饲养领域。人类所消费的近一半的鱼类都是通过养殖获取的。目前已有几种海洋鱼类实现了人工化养殖，比如鲑鱼、鳕鱼、比目鱼和金枪鱼等。从事养殖的渔民必须掌握一些关键技术，把水质、选址、空间、日照和放养密度等因素有机地结合在一起，达到最优化的效果。

在养殖场里，数量较大的鱼群被限制在相对较小的地方进行饲养。这种布局对环境会产生显著的影响。鱼类的排泄物和饲料残渣落到网箱下面沉积起来。这些有机物会影响到正常的水底生物群落。耗氧细菌在废弃物上大量繁殖，导致底层生物所需的溶氧量减少。某些生物，尤其是软体动物、棘皮动物和甲壳类会因此死亡。包括多毛纲类蠕虫在内的一些物种会趁机兴盛起来，从而改变该水域的环境。

数量很大的鱼群能产生成吨的废弃物，导致水体的化学条件发生改变。流经养殖场的水流带走了氨，损失了氧。水文变化也影响到该地区的浮游生物群落。此外，养殖场里的鱼病暴发也能蔓延到野生种群。为了防治鱼病，渔民使用的抗生素等药物同样释放到水中并危害到环境。

想要了解更多吗?

参见附录中“我们的发现”。

实验 3　海洋浮游生物

题　目

浮游生物是大多数海洋食物网的组成部分。

简　介

当你在海中游泳的时候，曾经吞下过海水吗？如果有过，那么你吞下的也有水里的浮游生物。它们是微小的海洋生物，主要依靠海水运动而不是自己的游泳能力移动。根据进食方式，浮游生物可以分为两大类：能进行光合作用的浮游植物，如硅藻和腰鞭毛虫等；属于异养生物的浮游动物，如桡足动物、箭虫和水母等。图 1 中展示了不同种类的浮游生物。

所有的浮游生物都是某一生态系统的成员。在所有的生态系统中，包含叶绿素等色素的自养生物能捕获来自太阳的能量。自养生物构成了食物链的第一个营养级，或摄食层次。那些通过摄食自养生物获得能量的生物构成第二个营养级。它们又为第三营养级的生物提供能量。在某些浮游生物的食物链中，可能存在多达 6 级的层次。除第一营养级外的生物均是异养生物，不能自己合成食物。多条相互交织的食物链组成了食物网。在本实验中，你将观察到浮游生物样本，识别其中的具体生物，并确定其摄食关系。

实验时间

55 分钟

实验材料

- 浮游生物样本
- 解剖显微镜
- 复式光学显微镜
- 载玻片
- 盖玻片
- 皮氏培养皿
- 实验记录本

安全提示

请仔细阅读并遵守本书"实验前必读"中的"安全准则"。

实验步骤

1. 在培养皿中注入一半的浮游生物样本。

2. 将样本置于解剖显微镜下，开启下方的光源。

3. 将显微镜调至低倍焦距状态，缓慢扫描培养皿直至发现浮游生物体。观察过程中，注意不同种类浮游生物的差异。将培养皿中观察到的对象与图 1 中的进行比较，尽可能多地辨认出对应的浮游生物。在实验记录本上记载所观察对象的名称和数量。图 1 中没有的也要记录下来，并描画出其形状草图。

4. 在解剖显微镜下用高倍焦距重复步骤 3。

5. 如果观察到其中一个在捕食另一个生物，进行记录（但加工过的样本不会移动或进食）。

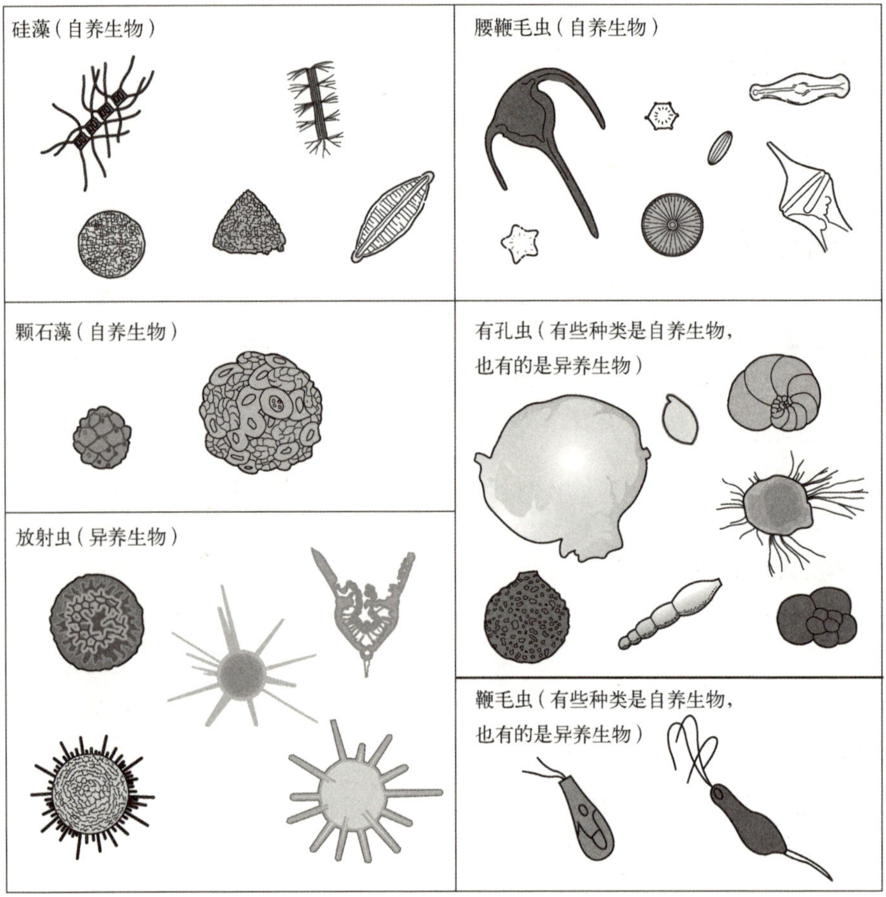

图 1　浮游生物

6. 为了观察极微小的浮游生物，需要制作样本的湿涂片，并在复式光学显微镜下观察。在实验记录本上记载所观察到的对象的名称和数量。

7. 在实验记录本上画出实验室观察到的浮游生物构成的食物网络，用带箭头的直线表示能量转移的方向（即能量从被采食者到采食者间的转移方向）。如果你能确定某一摄食关系，请用实线表示。例如，观察到水蚤吃掉了硅藻后，就用一条有箭头的实线标明。如果不能确定，但你认为两者存在联系，请用虚线标示。

分　析

1. 浮游生物食物网的基础包括哪些种类的生物？

2. 你在第一或第二营养级上又发现了什么浮游生物?

3. 能进行光合作用的生物在浮游生物生态系统中与陆地生态系统中有何区别?

4. 请描述浮游动物的两种运动方式。

5. 有些生态系统是自给自足的,不受其他生物的影响,所以被称为“封闭式”系统;而“开放式”的生态系统会与其他系统发生相互作用。那么你会把浮游生物的生态系统归为开放式的还是封闭式的?请给出理由。

实验中将会发生什么?

海水样本中浮游生物的种类和数量取决于样本采集的地点、方式和深度。浮游生物采集网(图2)是一种收集样本的得力工具。有的采集网适用于岸边,靠人力拖拉,有的适于开阔海域,用船只牵拉。

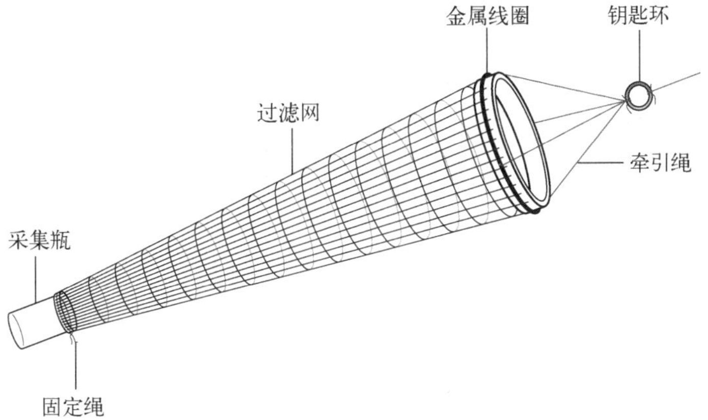

图2 浮游生物采集网

每当春季,随着气温的升高和日照时间的延长,浮游植物便快速生长。由于食物充沛,浮游动物的数量也开始增长。浮游生物死亡后沉入海底,将体内携带的养分归还给海洋。死后的浮游生物也是各种菌类的食物,它们是海洋食物网中重要的分解者。在夏季的几个月中,海水的上层变得温暖,下层的温度较低。由于浮游生物生活在水体的上层,而其生长所需的营养物质则在海底,所以浮游生物群落的生长速度减缓。到了秋季,上下水体发生混合,把海底的养分带到表层,导致浮游生物又一次的生长高峰。冬季的温度降低,光照减弱,生长速度再次减缓。

与现实生活的联系

虽然海洋浮游植物体型微小，但数量惊人，要以万亿计算。地球上有超过一半的光合作用发生在海洋浮游植物体内。它们利用二氧化碳进行光合作用，原理与其他生物一样，其化学反应式为：

$$6CO_2 + 6H_2O = C_6H_{12}O_6 + 6O_2$$

煤炭、石油和汽油等矿物燃料燃烧后产生大量的二氧化碳，浮游植物能够清除其中的 30%—50%。这意味着每年它们从大气中吸收约合 27 220 亿千克（30 多亿吨）的二氧化碳。在进行光合作用的同时，浮游植物释放出氧气。地球上一半多的氧气来自浮游植物。

海水温度决定着浮游植物进行光合作用的速度。水温上升到临界温度时，光合作用开始减慢。水温的上升与地球表面平均温度的总体升高的“全球变暖”效应相关。一些科学家建议向浮游植物施加铁之类的营养物质，以便加快其光合作用，从而起到减缓全球变暖的作用，甚至可以制造更多的氧气。也有人反对，认为我们无法预知改变海洋生态环境的各种后果。

想要了解更多吗？

参见附录中“我们的发现”。

实验4　盐沼生物群落

题　目

盐沼地区的生物受潮汐运动的支配。

简　介

盐沼地区指陆地与海洋之间的潮间带或盐渍地区，例如河流入海口或海湾地区。盐沼地区的生存条件随着潮水涨落而发生变化。此类地区交替地被水淹没而又得到阳光照射。像图1中的“盐沼居民”，必须能够存活

图1

于高潮位的咸水中，又要在低潮位时避免被晒干。为了能在这种不断变化的环境中生存，某些生物进化出特有的适应性。比如图2中的大米草是一种强势植物品种，具有特殊的排盐腺体。经过仔细观察会发现植物叶片上的细小盐粒。

根据潮水淹没的周期长短，盐沼区分为几种不同类型。最接近海水的泥质潮滩或沙坪地带被历次潮水携带的冲积物所覆盖；低潮沼泽是草生长的区域，受到正常潮水的影响；高潮沼泽是临近陆地的地区，只在极高潮位时被淹没。学生在实验中将观察栖息在盐沼的几个区域的生物。

图2 大米草

实验时间

第一部分 90 分钟
第二部分 40 分钟

实验材料

- 交通便利的盐沼地区
- 足够大的室外或室内干爽场地
- 识别盐沼生物的参考书
- 防水靴
- 铁铲
- 过滤筛网

- 呼啦圈
- 米尺
- 实验记录本

安全提示

户外活动时请注意安全。仔细阅读并遵守本书“实验前必读”中的“安全准则”。

实验步骤　第一部分

1. 在低潮位时由教师带领进入指定的盐沼区域。

2. 实地观察盐沼地区，注意区分高潮沼泽地和低潮沼泽地。高潮沼泽只是在高潮位时偶尔被淹没，而每天的潮位都会淹没低潮沼泽。在实验记录本上描述两种地区的差别。

3. 以低潮沼泽地的植物生长带边缘为起点，向水面方向量出约 3 米距离，并在此处的泥滩上放置呼啦圈。在实验记录本上记录圈内的泥沙表层所有可见物质和生物。如果有不知名的生物，画出简图或用文字进行描述，返回教室后再查阅参考书。

4. 在圆圈内的某一点向下挖 15 厘米左右，用筛网轻轻过滤挖出的泥沙，找到其中的生物（请将筛网浸在水中，滤除泥沙）。记录你所发现的物质和生物。完成此步骤后，将泥沙填回到坑洞中，尽量恢复其原来面貌。

5. 向水域方向再前进 3 米，重复实验步骤 3、4，直至到达水域边缘。

6. 返回到干燥地区（室外或教室内），用数据表形式归纳整理前面实验中所发现的结果。利用盐沼生物方面的参考书确认所不认识的生物。

实验步骤　第二部分

1. 指导教师安排学生扮演盐沼生态系统中的一个组成部分。

2. 跟随教师前往室外或室内场地。

3. 将场地划分出如下区域：高潮沼泽、低潮沼泽、泥滩和海洋。

4. 学生按照所扮演的角色，站到自己应该栖息的盐沼区域。如果几名学生扮演同种生物，需要合理安排位置。

5. 当教师宣布“涨潮”时，扮演海水的学生要像潮水一样缓慢地从原来的地方向较高的沼泽地区前进(但不要进入)。随着潮水涌入，其他学生的位置会发生变化，有的会跟着潮水向前移动，有的会避开潮流。

6. 当教师宣布“退潮”时，“海水”要缓慢地转身并返回到原来的地方。随着潮水的退去，其他学生的位置也会发生变化，有的会跟着潮水移动，有的会卷曲起来或躲入泥沙中避免脱水。

7. 潮水涨落一次后，一起讨论所模拟的情况。每个人的角色是否符合预期？如果不是，需要进行怎样的调整，然后重复第5步和第6步。

8. 当教师宣布“涨潮，但是潮位超高”时，因为潮水将淹没泥滩、低潮沼泽和高潮沼泽地区，所以“海水”要慢慢向陆地移动。

9. 当教师宣布“退潮”时，“海水”返回到海洋。

10. 退潮后，讨论所模拟的情况。为了使活动更逼真，提出需要改进和调整的建议。

分 析

1. 生长于高潮沼泽和低潮沼泽地区的植物种类为什么会有差别？

2. 在夏季时，潮水对盐沼地区的温度会产生怎样的影响？在冬季又会有何影响？

3. 如果大米草死亡了，那么盐沼地区的生物会发生什么变化？

4. 依照实验的第二部分所涉及的生物，绘制盐沼地区的食物网。

实验中将会发生什么？

由于盐沼土壤高盐低氧的自然条件，该地区的生物多样性程度较低。大米草具有独特的环境适应性，所以成为这里的优势物种。一些昆虫等生物专门以大米草为食。死亡后的大米草成为腐质碎屑。一部分腐烂的碎屑留在沼泽中，大部分则冲入水陆交界地带，并为那里的生物提供营养物质。

许多动物的生活都与大米草相联系。例如，贻贝附着在植物根部，不会因低潮位被冲到海里。贻贝释放的磷和氮是植物生长的必需营养物。潮水上涨时，贻贝通过虹吸管摄食。这种管状结构把海水吸入体内，同时过滤营养物(见图 3)。潮水退去后，贻贝紧闭两片硬壳，保持腮的湿润。另一种动物——招潮蟹，依靠大米草根部周围集聚的营养物为食物。招潮蟹在摄取食物时挖的小洞有利于植物根部的通气性。随着泥土中的含氧量增加，螃蟹分解有机物的速度也加快了，进而产生更多的腐屑。

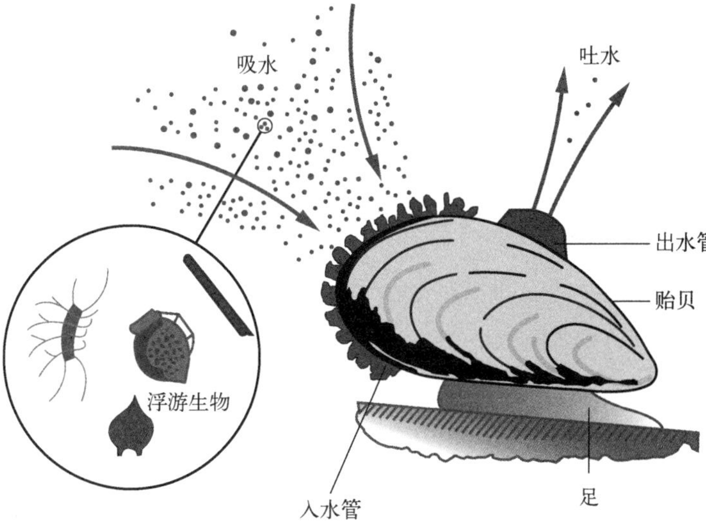

图 3

与现实生活的联系

盐沼地区的经济价值并不是很大，但是从环境角度来看，其意义又十分重大。盐沼地区属于地球上多产的生态系统。盐沼地区生长的大米草是食物网的基础，养育着成百上千的不同生物体，也是幼鱼和无脊椎动物幼体的藏身地和采食场所。

盐沼地区的泥土和植物能够滤除水中的污染物。在某种程度上，有些植物可以把毒素降解成无害的物质。盐沼的净化能力有限，当有毒物质含量过高时，其中的生物将不堪重负。盐沼地区还是海洋与陆地之间的天然缓冲地带。每当风暴来临之际，因为盐沼植物及其发达根系的固定作用，盐沼能减缓风暴潮，减少海岸受到的侵蚀，有效保护内陆地区。

想要了解更多吗？

参见附录中“我们的发现”。

实验 5　幼鱼栖息地的选择

题　目

幼鱼所选择的栖息地要能够保证食物充足，并能避开掠食者。

简　介

当你来到最中意的餐馆并打开菜谱时，很可能发现一些海鲜类食品。渔民提供给餐馆里的海鲜包括虾、蟹、鱿鱼和鱼类等。在美国，墨西哥湾是绝佳的渔场。过去的几年间，几种商业价值高的鱼种因过度捕捞而正在绝迹。红鲷鱼(图 1)就是其中之一。为了恢复海湾的红鲷鱼种群，墨西哥湾渔业管理委员会制定了相应的指导方针，比如设定尺寸限制条件，使得渔民不会捕捞未成熟的幼鱼。委员会同时制定了捕捞配额制度，防止个别渔民采取一网打尽的捕鱼方式。然而，这些措施远远不够。现在，委员会正努力通过补充天然栖息地的手段以达到保护幼鱼的目的。通过本实验，学生将发现幼鱼偏爱的栖息地。

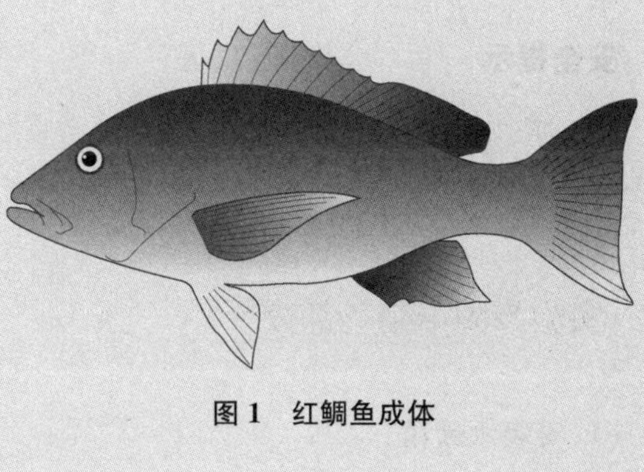

图 1　红鲷鱼成体

实验时间

第一部分 30 分钟
第二部分 30 分钟
第三部分每天 30 分钟，共 4 天

实验材料

- 水族箱
- 水族箱循环泵
- 箱底卵石
- 5—6 种水草
- 脱氯清水
- 鱼粮
- 5—6 段木棍，长度约为水族箱高度
- 10 条白鲦幼鱼
- 计时器
- 实验记录本

安全提示

请仔细阅读并遵守本书“实验前必读”中的“安全准则”。

实验步骤　第一部分

1. 安装水族箱。
2. 注入适量脱氯清水，开启循环泵。
3. 静置一夜时间。

实验步骤　第二部分

1. 在水族箱中划分出 3 个区域：空旷区、植物生长区和木棍放置区（见图 2）。

分区的方法是：① 在水族箱 1/3 处用卵石固定水草根部；

② 在水族箱的另外 1/3 处搭放木棍；

③ 其余 1/3 部分留作开放区域。

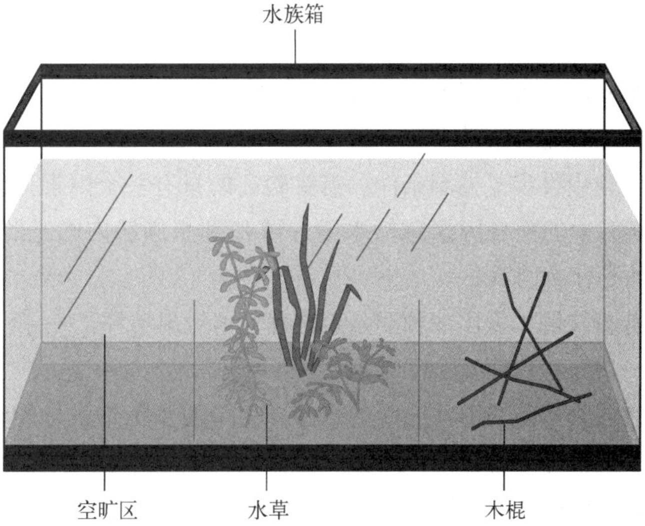

图 2

2. 投放白鲦鱼苗，静置水族箱一夜时间。

3. 回答分析问题 1 和 2。

实验步骤　第三部分

1. 在实验记录本上画出 25 页格式的数据表，留出 15 行记录数据。表格顶端填写日期和时间。每次观察白鲦鱼 15 分钟。注意看清对象鱼在箱中每分钟所处的区域，并将各个区域的小鱼数量记录在表格的对应栏内。

2. 再连续 3 天重复步骤 1 的操作。

3. 分析观察结果并回答其余的分析问题。

数 据 表

时 间	空旷栖息地	植物栖息地	木棍栖息地
1			
2			
3			
4			

分 析

1. 本实验所用的水族箱被区分为 3 种不同类型的栖息地。你觉得小鱼更喜欢哪一种类型？请说明原因。

2. 实验活动中设定了控制条件。需要验证的只有一个因素，而其他的因素则为常量。实验中的不变因素包括水温、pH 值和水族箱内的光照条件。那么实验要验证的是什么因素？

3. 你对分析问题 1 做出的预测是否准确？请做出解释。

4. 请用一段文字说明实验的结果。

5. 河口地区是河流与海洋交汇的水域。由于河水携带大量的营养物，所以河口地区易于生长许多植物，与开阔海域相比，水深也相对较浅。你认为幼鱼会更多地出现在河口还是开阔海域？请解释理由。

实验中将会发生什么？

本次实验为幼鱼提供了选择最适宜栖息地的机会。幼鱼正处于快速生长期，为了生存，必须获取大量的食物，同时要躲避捕食者，如大鱼和鸟类的袭击。因此，幼鱼理想的栖息地是那些能够提供安全和食物保障的地方。

实验中的白鲦鱼是年幼的淡水鱼种，其习性接近海水鱼的幼鱼。白鲦鱼可以细分为 1 600 种左右，渔具店有售。渔民买来白鲦鱼用作饵料。野生环境中的白鲦鱼是其他大型鱼类的取食对象。白鲦鱼则依靠小型生物为生，也是淡水食物网络中的重要成员。

与现实生活的联系

红鲷鱼的幼体漂流于浮游生物之中，其生活的水域中要有可供取食的浮游动物。之后的幼鱼游至泥底或沙底的浅水区生活，在那里可以得到足够的庇护。成鱼生活在深水区的底层，多有暗礁、岩洞、石灰岩构造、珊瑚礁和人造礁石等崎岖地貌。和其他鱼类一样，红鲷鱼以集群方式游动，猎食小型鱼类和甲壳类动物。生长于墨西哥湾的红鲷鱼最长寿命可达 50 年，最大体重 23 千克。

想要了解更多吗?

参见附录中“我们的发现”。

实验6　漂浮秘诀

题　目

特殊的体态帮助浮游生物保持着漂浮状态。

简　介

海洋的表层水体充满了生机。微小的浮游生物在海流和风力的作用下漂流移动。浮游植物通过光合作用把获得的太阳能转化成食物。浮游植物是大多数食物网的基础，也是浮游动物的摄食对象。尽管浮游动物可以略微游动，但它们的生活还是受到水流的控制。图1中展示了几种常见的浮游植物和浮游动物。

所有的浮游生物都要高度适应生存环境。如果无法停留在水体的上层，这些生物将沉入海底并死亡。从结构上看，浮游生物的适应性体现在其扁平的外形和较长的凸起部分，可以减缓其下沉速度。有一些浮游生物的体内含有油滴，能起到辅助漂浮的作用。本实验要求学生观察浮游生物并找到某些使其保持漂浮状态的适应性特征，然后设计适宜漂浮状态的模型。

图1　浮游植物与浮游动物

实验时间

第一部分 45 分钟
第二部分 55 分钟

实验材料

- 充水的水族箱
- 浮游生物样本(鲜品或加工品)
- 解剖显微镜
- 皮氏培养皿
- 2 块大理石
- 铝箔
- 浸蜡纸
- 建模陶土
- 牙签
- 洗管器
- 线绳
- 计时器
- 实验记录本

安全提示

请仔细阅读并遵守本书“实验前必读”中的“安全准则”。

实验步骤　第一部分

1. 在培养皿的一半注入浮游生物,使其覆盖培养皿的底部。
2. 将培养皿置于显微镜的载物台上,打开样品下的光源灯,调整至低倍焦距。调节显微镜焦距，先进行粗调，然后精调。

3. 在实验记录本上画出 3 种不同的浮游生物草图。

4. 将显微镜调至高倍焦距。

5. 在实验记录本上画出 3 种不同的浮游生物草图。

6. 回答分析问题 1 和 2。

实验步骤　第二部分

1. 设计并制作出一款浮游生物模型，要求是：

① 模型必须能托起一块大理石；

② 尽可能长久保持漂浮状态；

③ 尺寸不超过 15 厘米×5 厘米。

2. 可以使用指导教师提供的任何材料，但不必全部使用。

3. 模型完成后放入水族箱，计算出其沉到箱底的时间，并将结果记录下来。

4. 记录其他同学的模型的沉没时间。

5. 把所有模型的下沉时间整理成统计表。

6. 回答分析问题 3 和 5。

分　析

1. 描述 3 种浮游生物的外形。

2. 浮游生物为什么要在水中保持漂浮状态？

3. 浮游植物需要光照才能进行光合作用，所以要停留在水体的表层。那么浮游动物为何也要生活在表层呢？

4. 描述下沉速度最慢的一款模型的特点。

5. 为了保持漂浮状态，浮游生物有哪些适应性变化？

实验中将会发生什么？

浮游生物生活在海洋的透光区，就是阳光能够照射到的区域(见图 2)。浮游植物为了适应漂浮而有了特殊的变化。棘刺、芒刺、刚毛及其他凸起物有助于浮游生物停留在水体的上层区域。某些浮游植物生有的眼点结构可以感光，鞭毛则能使其趋光游动。身体的构造实现了较大的表面积。多种浮游生物体内有液泡，里面的气体或油脂增加了浮力。还有的连接成链状、条带状或球状结构，这要比个体更容易漂浮。像浮游植物一样，浮游动物的外形也各不相同，它们也有触须或腿状结构，既增加了体表面积，也有助于提供机动性，便于捕获食物。

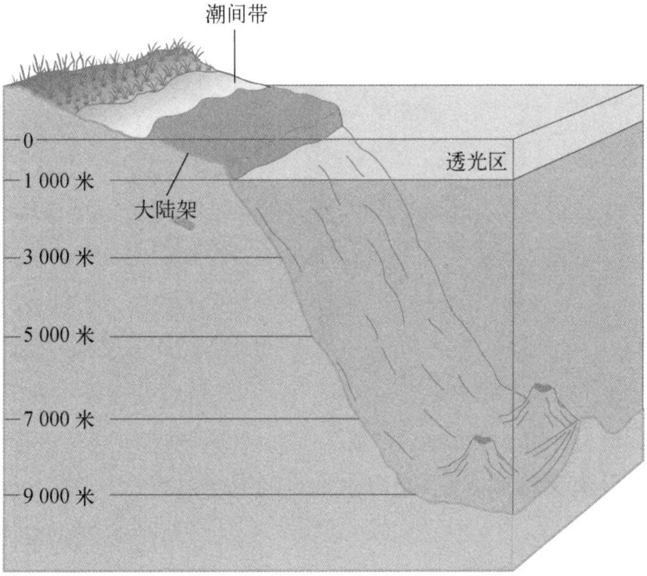

图 2　海洋的透光区是阳光能够照射到的区域

与现实生活的联系

草木等植物是陆地上的生产者，生有能够吸收养分和水的根系，能够进行光合作用的叶片。这些器官相互之间的联系以及它们与植物体其他结构间的联系是通过一种管道系统——维管组织——实现的(见图 3)。浮游植物直接从海水中吸收养分，所以没有植物的那些特殊器官。浮游植物身体上的各种凸起物和毛刺使其表面积最大化，便于营养吸收，扩大了与阳光的接触面。

在海洋的不同区域，透光区的透光深度也略有差异。影响透光区透光深度的因素包括大气的纯净度、阳光的照射角度和海水的浑浊度。浮游生物死亡后沉入海底，其体内的养分重新进入循环圈。海洋的上升流将这些营养物质带回

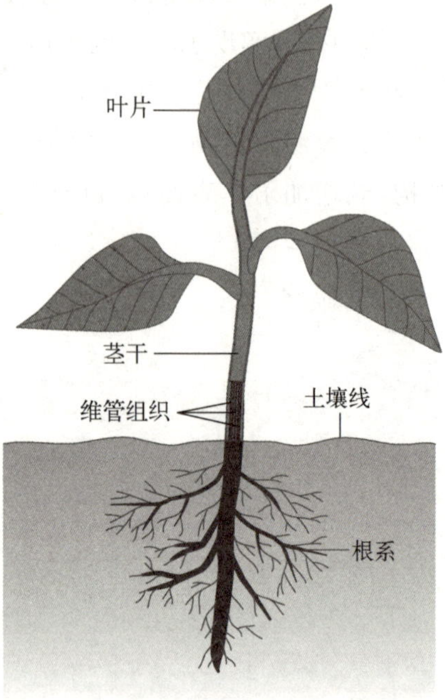

图 3

水体上层。上升流又称涌升流，是海水垂直的混合过程。

想要了解更多吗?

参见附录中“我们的发现”。

实验7 大洋输送带

题目

温度和盐度影响着海水密度，进而产生洋流。

简介

海洋处于不断的运动状态。风和海水盐度的差异是产生并驱动洋流的两大主要因素。风力和地球的自转使海洋表层的海水发生运动。这些表层洋流又形成涡流，把海水带到海洋的其他地区。涡流是大范围的漩涡区，宽度可达几百海里。

因温度和盐度造成了海水密度的差异，从而产生深水洋流运动。由于地球表面接受太阳辐射的不均衡（见图1），赤道附近的海水温度高于两极

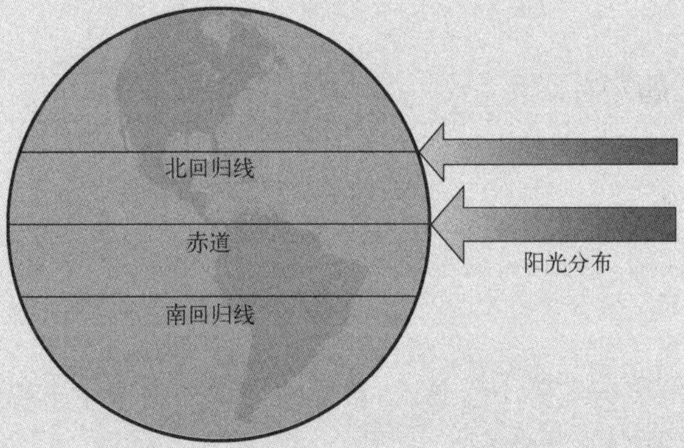

图1 赤道地区获得的阳光直射多于地球的其他地区

地区附近的海水。赤道水域的升温加快了水分子的蒸发，留下了盐分子。这两个因素引发了海水因密度不同而产生的运动，即“热盐循环”。学生们在实验中将观察水的温度和盐度的作用。

实验时间

55 分钟

实验材料

- 玻璃槽（规格大约 23 厘米×33 厘米×33 厘米）
- 5—6 块冰块
- 2 个自封塑料袋
- 1 杯左右的热水
- 2 个晒衣夹
- 自来水源
- 2 小块石头
- 2 支吸液管
- 红色瓶装食用色素
- 绿色瓶装食用色素
- 2 只 250 毫升的锥形烧瓶
- 索引卡
- 食盐（1/2 匙左右）
- 搅拌棒
- 实验记录本

安全提示

实验操作中一定要小心热水，请仔细阅读并遵守本书“实验前必读”中的“安全准则”。

实验步骤　第一部分

1. 向玻璃槽内注入适量室温的清水。
2. 静置几分钟，直至槽内的水完全静止。
3. 将冰块和一个小石块装入一个塑料袋内并密封。
4. 把塑料袋轻轻放入水槽的水下一端，并用夹子固定在槽壁上。
5. 在另一个塑料袋内放入石块，然后小心注入适量热水。
6. 将此塑料袋轻轻放入水槽的水下另一端，并用夹子固定好。
7. 用吸液管在放有冰块的水槽一端滴入一滴绿色素。
8. 用吸液管在放有热水的水槽一端滴入一滴红色素。
9. 注意观察两滴色素的变化，在实验记录本上描述观察结果。
10. 回答分析问题 1—3。

实验步骤　第二部分

1. 在 2 个烧瓶内注入一半的清水。其中一个加入食盐和几滴色素，食盐溶解后充分搅匀。

2. 在盛有染色盐水的烧瓶口盖上索引卡，小心地将烧瓶倒置，大气压会使卡片吸附在瓶口。

3. 把倒置的烧瓶连带卡片放在另一个烧瓶上。

4. 把握住瓶口相对的两只烧瓶的同时，请实验同伴轻轻拉出瓶口的卡片。

5. 注意观察两种水交汇时的情况。记录观察结果。

6. 把盛水烧瓶静置 5 分钟左右后再进行观察。

7. 回答分析问题 4—6。

分　析

1. 绘制出水槽和里面的两个密封塑料袋以及两滴色素的示意图，标注每项名称，并用箭头表示色素的运动方向。

2. 根据实验第一部分的结果，热水的密度大还是冷水的密度大？你是如何得出结论的?

3. 假设一个广口瓶内盛有与室温相同的水,放入含有蓝色素的冰块后。在冰块融化的过程中,你会发现什么现象?

4. 取出两支锥形烧瓶间的卡片时发生了什么现象?

5. 过了 5 分钟后,瓶中的清水和蓝水发生了怎样的变化?

6. 依据第二部分的实验结果,请判断哪种水的密度大,盐水还是淡水? 说明判断的理由。

实验中将会发生什么?

学生在实验中观察到了温度和盐度对水密度的影响。密度较大的水会下沉到密度较小的水体之下。在实验的第一部分,我们发现密度大的冷水与密度小的热水能产生水流。玻璃槽两端的冰块和热水使水发生了运动;冷水下降,温水上升到表面。实验的第二部分展示了水的含盐量越高,密度越大,原因是盐水下沉到了淡水的下面。在温度和盐度共同作用下,海洋中便产生了洋流。图 2 中

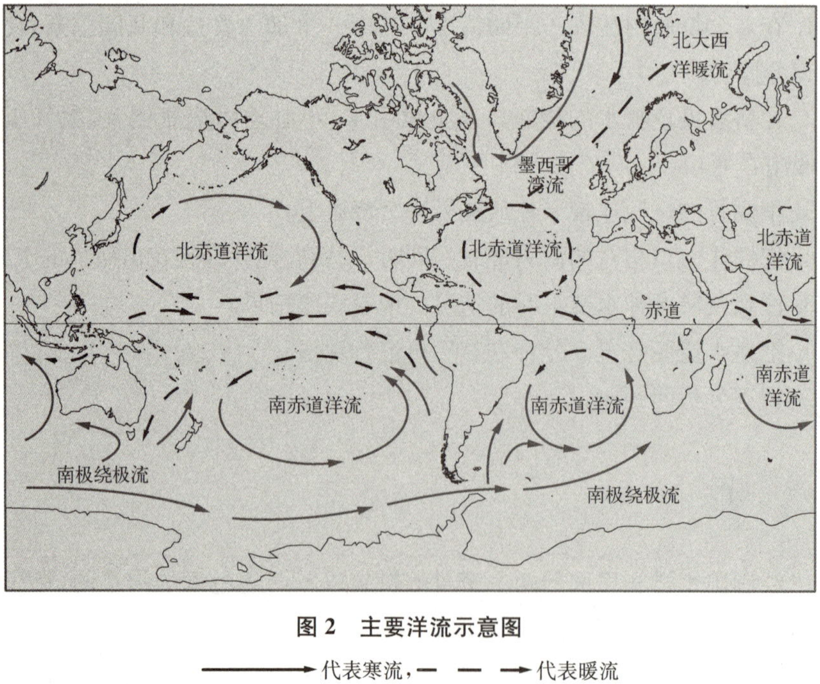

图 2 主要洋流示意图

→ 代表寒流, — — → 代表暖流

标示了地球上主要洋流的运动路径。

洋流的作用是所有水域中维系生命所必不可少的。当高密度的海水下沉时，把表层的溶解氧携带到海洋的深处。温度高的海水上升时，会把海底的营养物带到表层。全球的海水循环极其缓慢。北大西洋下沉的海水从南半球再上升到海面的时间跨度需要几千年。

与现实生活的联系

有些科学家担心海洋的热盐循环或许正处于危险状态。全球变暖效应使得北半球的冰帽正以前所未有的速度融化。冰是由淡水组成的。随着融化后的淡水进入地球北方海域，海水密度降低。没有人确切掌握增加多少淡水才能够改变当前海洋输送带的状况。位于美国马萨诸塞州科德角伍兹湾海洋学研究所的海洋学家露丝·克里(Ruth Curry)已经计算出了结果：如果淡水继续以现在的速度进入北方海域，200 年后洋流将会发生改变。然而，克里的结论并没有得到一致的认可。有人指出，一旦全球变暖的进程减缓，淡水的释放速度也将放慢。

想要了解更多吗?

参见附录中“我们的发现”。

实验 8　测量盐度

题　目

海水的盐度可以用液体比重计进行测量。

简　介

你曾经品尝过海水吗？尝过的人很可能注意到了那种咸咸的味道。海水之所以有咸味是因为其中溶解了矿物质或盐分。“盐度”一词指的是溶解盐的浓度。水的盐度影响到水的密度。密度是指某种物质在单位体积中的质量。测量物质密度的一种方法是“比重”，即在 39℃条件下某种材料的密度与水的密度的比值。纯水的比重为 1。如果某种物质的密度大于纯水，那么其比重也就大于 1。我们可以用液体比重计测量液体的比重。这种装置的侧面有指示比重的刻度。使用比重计时，要把仪器置入待测液体内，然后读取刻度数值。液体密度越大，其中的比重计上浮高度也越大。本实验的目的是通过测量水的密度，从而确定其盐度。

实验时间

45 分钟

实验材料

- 内盛 500 毫升蒸馏水的烧杯
- 内盛 500 毫升标准生理盐水的烧杯
- 内盛 500 毫升 A 水样的烧杯
- 内盛 500 毫升 B 水样的烧杯
- 摄氏温度计
- 液体比重计
- 实验记录本

安全提示

请仔细阅读并遵守本书“实验前必读”中的“安全准则”。

实验步骤

1. 将温度计放入蒸馏水中。2 分钟后读取温度数值并记录在数据表 1 中。

2. 将比重计小心地放入蒸馏水中，注意不要使比重计接触烧杯壁。当比重计稳定后，读取比重计刻度与蒸馏水液面交界处的比重值(见图 1)。注意读取

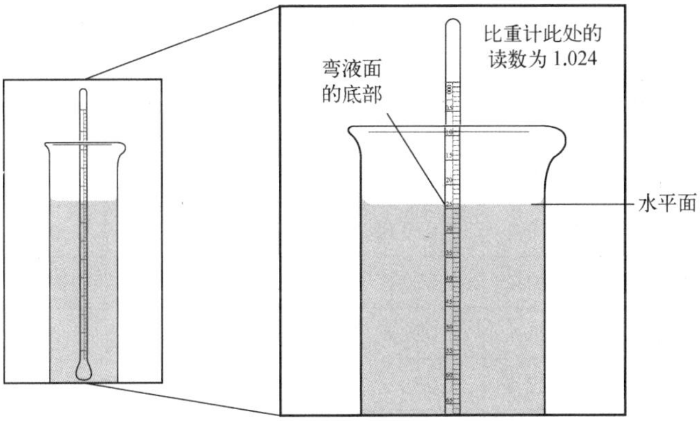

图 1

的应是水平面对应的度量值，而不是比重计出水处的弯液面。

3. 参看数据表 2，其中显示的是盐度随比重和温度的变化而对应的数值。找到表格上面的温度一行和左侧的比重栏，纵横两栏交叉对应的数值即为此条件下的盐度。在表 1 中记录各项数据。

4. 重复 2 次实验步骤 1—3，所有蒸馏水的实验一共 3 次。求出 3 次盐度平均值，填入表中。

5. 对生理盐水、水样 A 和水样 B 分别进行实验步骤 1—4 的操作。

表 1

样　本	温度(℃)	比　重	盐　度	平均盐度
蒸馏水，1 测				
蒸馏水，2 测				
蒸馏水，3 测				
生理盐水，1 测				
生理盐水，2 测				
生理盐水，3 测				
样本 A，1 测				
样本 A，2 测				
样本 A，3 测				
样本 B，1 测				
样本 B，2 测				
样本 B，3 测				

表 2

	温　度						
比　重	26.11℃	26.66℃	27.22℃	27.77℃	28.33℃	28.88℃	29.44℃
1.017	1.019 3	1.019 4	1.019 6	1.019 7	1.019 9	1.020 0	1.020 2
1.018	1.020 3	1.020 4	1.020 6	1.020 7	1.020 9	1.021 0	1.021 2
1.019	1.021 3	1.021 4	1.021 6	1.021 7	1.021 9	1.022 0	1.022 2
1.020	1.022 3	1.022 4	1.022 6	1.022 7	1.022 9	1.023 0	1.023 2
1.021	1.023 3	1.023 4	1.023 6	1.023 7	1.023 9	1.024 0	1.024 2

续　表

	温　度						
比　重	26.11℃	26.66℃	27.22℃	27.77℃	28.33℃	28.88℃	29.44℃
1.022	1.024 3	1.024 4	1.024 6	1.024 7	1.024 9	1.025 0	1.025 2
1.023	1.025 3	1.025 4	1.025 6	1.025 7	1.025 9	1.026 0	1.026 2
1.024	1.026 3	1.026 4	1.026 6	1.026 7	1.026 9	1.027 0	1.027 2
1.025	1.027 3	1.027 4	1.027 6	1.027 7	1.027 9	1.028 0	1.028 2

分　析

1. 什么是盐度?

2. 解释密度与比重的关系。

3. 为什么能通过比重确定盐度?

4. 将下列各水体按盐度大小排序,最高的用4表示,最低的用1表示。

____ 海湾中部;____ 河流;____ 河口;____ 大洋

5. 比较地球两极附近和赤道地区的海水,你认为哪里的盐度更高?请说明理由。

实验中将会发生什么?

海洋中平均的含盐量大约占35‰,海盐的大部分是氯化钠,即食盐,也有少量的镁、硫、钙和钾等物质。表3中显示了不同类型水体的盐度差异。

表3

水体类型	盐度(‰)
淡　水	0—1
淡咸水	1—3
中度咸水	3—10
咸　水	10—35

海湾和河口地区的水是海水与河流淡水的混合体。这种盐度中等的咸水被称为半咸水。潮汐能够影响到河口水域的盐度。潮位高时盐度升高，潮位低时盐度下降。大雨也能降低海湾或河口一带的盐度。

与现实生活的联系

所有生物的细胞内都含有溶解的盐。在多数生物的细胞内，盐分的比例与海水相当，大约占三十分之一。水生动植物进化出特别的适应性，能使细胞内的盐和水保持理想的平衡状态。在淡水环境下，细胞内的盐分高于外部环境。因此，水分易于通过细胞壁向内渗透。淡水中的生物拥有处理多余水分的途径。而在海洋中，生物细胞内的盐分则低于外部环境，更容易失去水分，所以海洋生物要具备保持体内水分的能力。例如，大多数海洋动物产生的尿液很少。进食咸水植物或其他咸水动物的动物也会摄入盐分。为了解决这一问题，这些动物会将过多的盐分排出体外。多种海鸟的头部生有特殊腺体，用于排出体内积累的盐。图 2 展示的海鸟头骨中有一对明显的盐腺，能够浓缩身体里的氯化钠，以便排出体外。

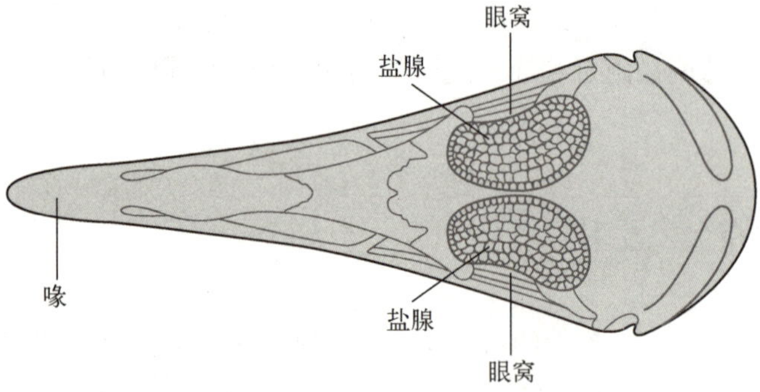

图 2

想要了解更多吗？

参见附录中“我们的发现”。

实验 9　海底等深线图

题　目

我们可以用二维图显示海底的三维面貌。

简　介

海底等深线图是一种展现海底三维特征的二维图。地图上的每条等深线是深度相同的点连成的曲线。注意图 1 中标注着 1 000 米的等深线就

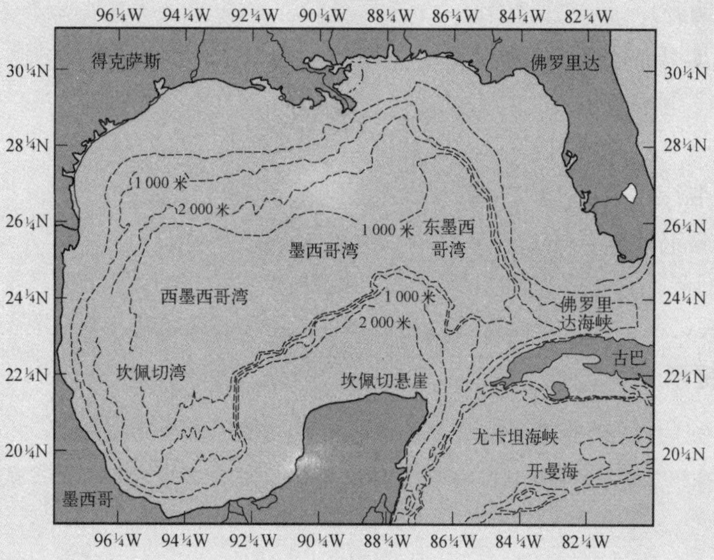

图 1

是处于这一深度的所有点所连成的。邻近的一条等深线标注为 2 000 米。两条线的间隔是 1 000 米，我们就能知道第二条线对应的深度要比第一条低 1 000 米。等深线稀疏表明该地区的坡度平缓，而分布密集的线条说明那里是陡坡。本实验将研究某些海底构造，制作包含这些构造的海底模型，并利用模型尝试绘制一幅海底的等深线图。

实验时间

第一部分 25 分钟
第二部分 55 分钟

实验材料

- 包括网络或图书在内的关于海底构造方面的参考资料
- 直尺
- 容量 1 升左右的方底塑料容器
- 透明胶片
- 胶片用记号笔
- 水（3 量杯左右）
- 剪刀
- 胶带
- 实验记录本

安全提示

请仔细阅读并遵守本书“实验前必读”中的“安全准则”。

实验步骤　第一部分

利用参考书或网络进一步了解海底构造的知识。重点收集的信息包括：

① 大陆架；

② 深海平原；

③ 海底山；

④ 中央海岭(中洋脊)；

⑤ 海沟；

⑥ 海底悬崖；

⑦ 平顶海山。

实验步骤　第二部分

1. 用黏土制作海底模型，至少包括实验第一部分研究的 2 种地貌。比如你的模型可以是大陆架和海沟，或是深海平原和海山的组合。在塑料容器内制作模型，高度不能超过容器高度。

2. 将大小修剪合适的透明胶片覆盖于容器口之上，在胶片的一角剪出缺口，以便于向容器内注水。

3. 用胶带把透明胶片与容器粘牢。

4. 用胶带把直尺竖直贴附在容器外侧，注意要使直尺的最大刻度朝向容器底部。

5. 通过胶片留出的缺口向塑料容器内缓缓注水。当水深达到 1 厘米时停止注水。

6. 透过胶片向下观察容器。用记号笔在胶片上画出黏土模型上水线的轮廓线。这条线就是模型中模拟出的海底地形的等深线(注意：不用画出容器上的水线)。

7. 读取直尺上的水平面数值。在绘制的水平面轮廓线上标注高度值。

8. 再添加 1 厘米高度的水，并进行实验的第 6、7 步。

9. 重复进行 5—8 步的程序，直至整个模型完全没入水中。

分 析

1. 你能从一幅海底等深线图上发现什么?
2. 什么是等深线?
3. 你在实验中共画出了多少条等深线?
4. 每条等深线表示的水深是多少?
5. 海底等深线图有何用途?

实验中将会发生什么?

地壳是地球最外层结构,由两种岩石构成:一种是构成大陆地壳部分的岩石;另一种是构成海洋地壳部分的岩石。与海洋地壳相比,构成大陆地壳的岩石重量较轻,浮在地幔的较高处。大陆边缘被海水覆盖的区域形成水深相对较浅的大陆架和缓坡等地貌(见图 2)。

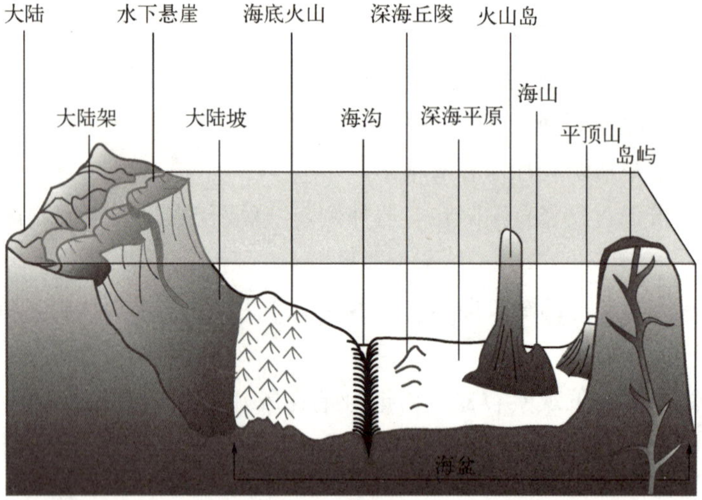

图 2

大陆架之外的是深海平原,基本上是平坦广阔的区域。深海平原的面积巨大,约占全球海底的 79%。深海平原上的火山喷发能引起造山运动,形成岛屿或海面以下的海山。平顶海山是海面下的平顶火山体。中央海岭是位于大洋中央地区连绵的山脉，延伸至全球的海底。深水海沟以及大陆坡一带出现的V形陡崖等地貌只占海底的2%左右。海底的三维构造就包括了上述这些地貌。

与现实生活的联系

海底等深线图与等高线地形图类似，后者显示的是陆上地形的海拔高度。绘制海底等深线图所运用的技术包括全球定位系统(GPS)和声波定位仪(声呐)。声呐装置发射出声波，然后测量声波从物体表面返回后到达接收器的时间。由于声波在水中的传播速度是已知的，声呐系统就能计算出各种海底构造的距离。

正如道路交通图一样，海底等深线图可用来进行导航。与道路交通图不同的是，等深线图主要显示的是地貌特征(见图2)。这种地图对于领航员非常重要，可以避免船只搁浅或撞上水下障碍物。

在航海领域出现电子设备之前，船员测深的手段是从船上投放负重的绳索。收回绳索后测量其入水的长度。船员双臂平展时两手间的绳索长度被称为一英寻。现在人们仍然在使用这一度量单位，并规范为1英寻等于1.8288米。

想要了解更多吗?

参见附录中“我们的发现”。

实验 10　海洋沉积物

题　目

海床任何一点上的洋底性质与沉积物来源的距离存在关联性。

简　介

海床可以大体分为软底和硬底两种类型。软底海床覆盖着一层层的粗细不等的沉积物。大陆架和大陆坡就是软底构造。因地理位置的不同，沉积物的来源也多种多样。很多沉积物被称为“岩成沉积物”或“陆源沉积物”，原因是它们来自陆地岩石的侵蚀产物。岩石剥蚀颗粒借助外界力量，可以被带到远离源头的地方。死亡生物的躯壳构成了“生物源沉积物”。这类沉积物富含碳酸钙，是多种海洋生物的甲壳和骨骼的主要成分。沉积物中的二氧化硅来源于两种生物：有孔虫和硅藻，前者是一种类似变形虫的微小甲壳类生物，后者则是一种单细胞绿藻，生有玻璃样的壳盖。“内源沉积物”是指水中发生生化反应后沉积下来的物质。因火山而生成的沉积物称为“火山源沉积物”，而来自外太空的沉积物称为“宇宙源沉积物”。图 1 展现的是全球的大陆架和沉积物所形成的区域。在洋流强劲得足以冲走所有沉积物的地区和大洋深处的大部分地区，都是岩石性质的地貌，也就是硬底海床。本实验将明确海底颗粒物的组成与沉积物的陆上源头距离之间的关系。

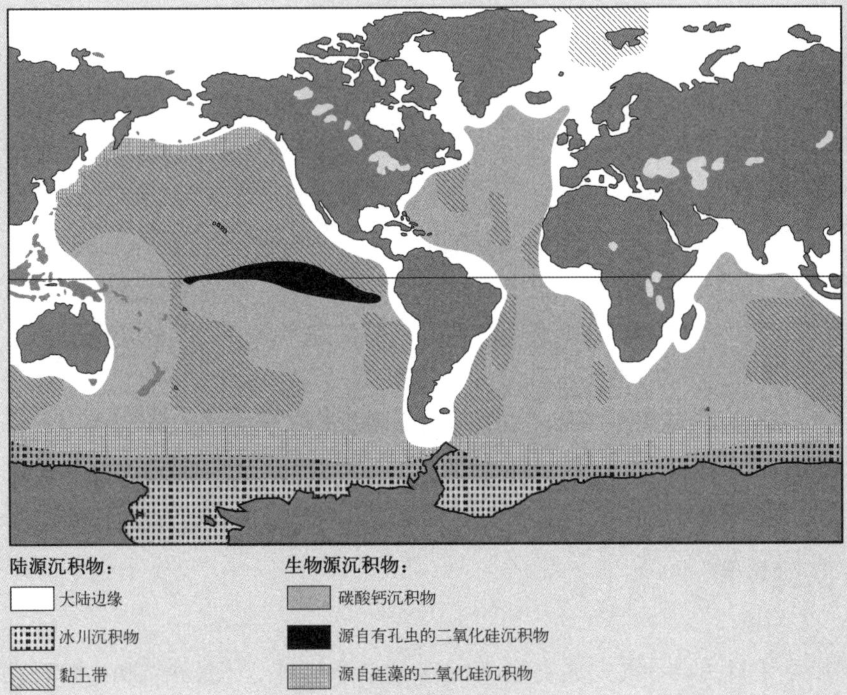

图 1　沉积物的大致分布模式

实验时间

55 分钟

实验材料

- 椭圆形塑料盘或存储容器
- 淤泥样本
- 沙粒样本
- 小卵石样本
- 放大镜
- 秒表

- 硬纸板
- 汤匙
- 塑料吸管
- 纸杯
- 水源
- 实验记录本

安全提示

请仔细阅读并遵守本书“实验前必读”中的“安全准则”。

实验步骤

1. 学生自主设计并完成实验，验证 3 种悬浮材料（淤泥、沙粒和小卵石）沉积处与其来源处的距离变化。实验应对比在有水流冲击和没有水流冲击条件下的沉积情况。

2. 可以使用指导教师提供的任何材料，但不必使用全部材料。

3. 回答分析问题 1—3。

4. 注意实验的设计至少需要两个进程，其一是要验证每种沉积物在没有水流作用下会沉降到什么地方，其二是要验证每种沉积物在有水流作用下会沉降到什么地方。如果能使每项实验进程的操作超过一次，那么实验的结果将更准确。

5. 实验前需要确定实验的具体步骤。在实验数据表中记录下你所计划要做的每一步骤（即实验步骤）和要使用的实验材料（材料明细），并将拟定的实验步骤和材料明细上交指导教师。获得教师认同后继续进行实验操作，如未得到同意，要修改计划后再报告教师。

6. 一旦得到教师的同意，整理装配所需材料，然后按计划开始实验操作。

7. 收集实验数据，记录在自主设计的数据表上。

8. 回答分析问题 4—6。

分　析

1. 完成下列反映实验预期结果的叙述：

① 出现水流冲击时，________(小型/中型/大型)颗粒的沉积位置与其来源的距离大于________(小型/中型/大型)颗粒的沉积位置与其来源的距离。

② 没有水流作用时，颗粒物会沉积在________________________________。

自主实验数据表

实验步骤	
实验材料	
教师意见	

2. 沉积物的来源有哪些？

3. 为什么多次重复实验操作步骤更为合理？

4. 你预想的实验结果准确吗？解释准确与否的原因。

5. 大陆架外缘区域的沉积物是由许多细小的淤泥颗粒物构成的。你认为其成因是什么？

6. 如果有机会重新进行实验，怎样才能得到改进？

实验中将会发生什么？

本实验比较了颗粒物分别在高能系统和低能系统中的沉积状况。所谓低能系统就是水流或波浪运动很小的状态。如果你把每种沉积物轻缓地注入未受能量干扰的水中，它们极有可能会堆积起来，最细小的颗粒处于顶部。如果沉积物被投放到高能系统中，即人为制造出激烈水流或波浪的水中，那么小卵石仍停留

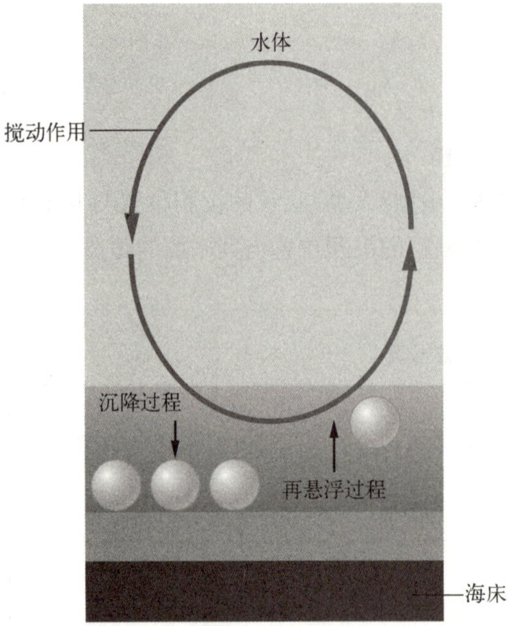

图 2　波浪不断搅动水体，使沉降到海床的沉积物重新悬浮起来

在原地，但是分量轻的淤泥很可能会远离投放的位置。沙粒沉淀的位置会在卵石和淤泥之间的区域。

大陆架沉积物的成分取决于所在地的能量作用的大小。强劲洋流和波浪使得细小颗粒保持悬浮状态，并将其携带到远离源头的地方。波浪在不断搅动海岸线一带的水体，使沉积的颗粒物再次悬浮起来，是决定沉积物分布的主要力量（见图 2）。海滩一带发现的颗粒物只有那些中型的和大型的，而微小的颗粒物则被裹挟至海里或悬浮在水中。在洋流和波浪较为平缓的地区，颗粒细小的沉积物就会一层层地堆积起来。

与现实生活的联系

大陆架沉积物的积累速度极其缓慢，每 1 000 年只有 30 厘米左右的厚度。在大陆架发现的沉积物类型随纬度不同而存在差异，也受到气候条件的影响。赤道和亚热带地区的海水温度高，海洋生物繁盛，所以海底有大量的生物源沉积物。在温带地区，海底的沉积物大部分是河流冲刷下来的陆源沉积物，其主要成分是石英和长石，源自被侵蚀的花岗岩。靠近两极地区的海底所沉积的颗粒物原来是海洋沉积物变成的土壤，后来又被冰川作用推至海洋，也有的颗粒物源自沉积岩。

想要了解更多吗？

参见附录中“我们的发现”。

实验 11　解读海洋沉积物

题　目

利用岩芯样本可以研究海洋沉积物。

简　介

大洋底部到底有什么呢？海洋学家不必潜入海底去采集海洋沉积物，在水面上利用专业采集设备就可以完成采样工作。一种方法是使用金属制的拖捞网，在海床上拖拉过后便能捞取到大块的样本。可是收集袋内的各种样品容易混合在一起，所以无法区分沉积物的各个层次。另一种是抓斗式采样器，其金属抓斗能挖取沉积物。这两种设备适合海床表层的采样工作。深层采样则需要借助岩(土)芯钻取器，其金属套管能探入沉积层深处。岩芯采样器的优势是能保持沉积层的完好，起到样本储存器的作用。研究海底地质构造的科

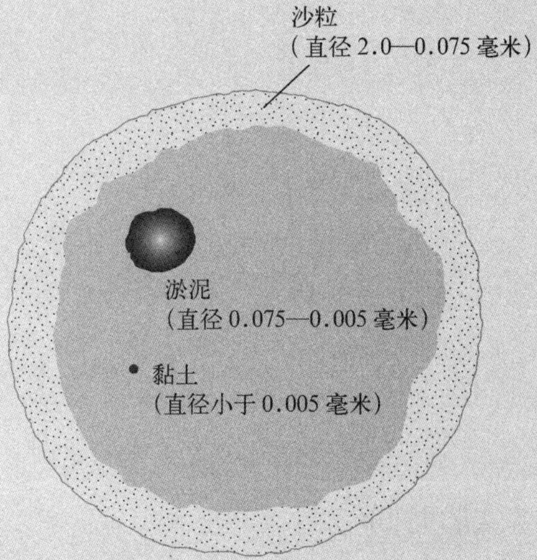

图 1　大小不同的土壤颗粒

学家必须分析岩芯中的沉积层。

部分沉积物来源于那些最终进入海洋的风化岩石和土壤。沙粒、淤泥和黏土(见图 1)是 3 种典型的沉积物,区分标准是其颗粒的大小。颗粒最大的沙粒沉淀速度相对较快;淤泥颗粒较小,重量轻,移动距离也比沙粒远;黏土颗粒微小,能够长时间悬浮于水中。沉积物的来源又包括火山喷发物颗粒和死亡生物的残骸。硅藻是一种能够进行光合作用的单细胞生物,躯体外是玻璃样的壳(见图 2),其残骸在浮游生物充裕的海域之下的海底很容易发现。本实验要求学生模拟采集海底沉积物芯样并进行分析。

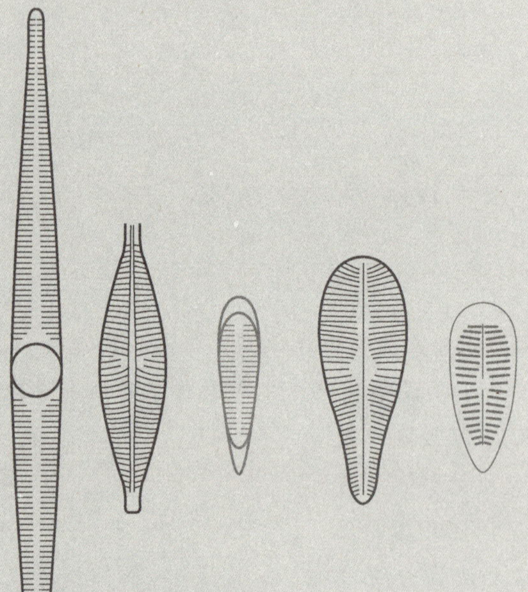

图 2　复式光学显微镜下的几种硅藻

实验时间

55 分钟

实验材料

- 4 份备好的海底沉积物样本(供全班使用),其容器分别标上代号 A、B、C 和 D。
- 3 根透明吸管
- 塑型黏土小球
- 手术刀
- 解剖显微镜
- 复式光学显微镜
- 载玻片
- 牙签
- 直尺
- 实验记录本

安全提示

使用手术刀时要注意安全。请仔细阅读并遵守本书“实验前必读”中的“安全准则”。

实验步骤

1. 采集沉积物 A 的样本芯。注意:
① 将吸管小心插入沉积物,不要搅动采样位置的附近区域;
② 慢慢拔出塑料管,然后用黏土封住塑料管端口。
2. 重复步骤 1,完成 B、C 和 D 样品的取样任务。
3. 回答分析问题 1 和 2。
4. 在实验记录本上绘制每个芯样的彩色示意图。
5. 量出芯样的长度和其中各种沉积物的厚度。
6. 回答分析问题 3。
7. 用手术刀小心切开样品 A 的塑料管。再用牙签取出样品中第一层物质,摊在载玻片上。

8. 先用显微镜的低倍镜头，再用高倍镜头观察样品。将结果绘制成示意图并加以描述。

9. 向载玻片上滴一滴水，盖上盖玻片，放在复式光学显微镜低倍镜头下观察。绘图并描述观察结果。

10. 针对芯样的其余各层次重复进行实验的步骤 7—9。

11. 同样完成样品 B、C 和 D 的相应实验步骤。

12. 回答分析问题 4—6。

分　析

1. 从海底钻取沉积物芯样的目的是什么？

2. 描述实验中 4 个芯样的沉积物外观。你能从每种样品中发现何种海底特征？

3. 如果沉积物的沉淀速度是每年 2 毫米，那么 4 种沉积物样品的形成时间各是多少？

4. 研究人员曾采集到 4 米长的海底芯样。芯样的最上层代表的是当前沉积到海底的物质，那么在样本最下面一层的沉积物应该有多少年的历史？

5. 一般情况下，从一段芯样的不同层次中能获得什么信息？

6. 描述 4 个芯样的每一层在显微镜下的外观。

实验中将会发生什么？

在本实验中，学生模拟采集现成的沉积物样本。每种样本都有细微差别，代表着海底的不同条件。陆源沉积物中的泥土颗粒大小不等，从沙砾到黏土状态都有可能存在。颗粒越小，距离其发源地越远，其沉积状态能向地质学家展示过去河流与海洋的交汇情况。通过研究沉积物中的沙石分布，科学家能判断出过去几千年来海平面的变动情况。具备光合作用的生物化石中也含有海平面升降的证据。当海平面较低时，阳光能够照射到海底，经过光合作用生物便大量生长。解读沉积物芯样也能帮科学家了解其他的地质演变。样品中存在的生命遗迹与水温有一定的联系。如果沉积物中有大量的生物残骸，科学家就可以断定当时的水温会较高。

与现实生活的联系

海洋沉积物芯样可用来研究地球气候变化史。气候学家已经分析了全球多处的沉积物，重点研究的是那些存在有孔虫的沉积层。有孔虫是一种生有方解石质地外壳的单细胞生物。图 3 显示的是几种有孔虫的外壳。通过观察取自不同地区的有孔虫外壳，科学家得出已经能够确定过去海底的大致温度、水中营养物质的丰富程度、以前洋流的运动方向等。

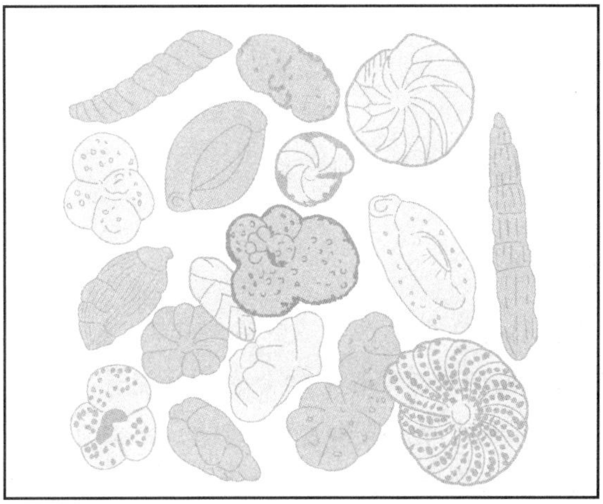

图 3　几种有孔虫的外壳

通过研究这些数据，科学家得出的结论是：深海洋流的运动方向在 5 500 万年前发生过改变。引发这一变化的是持续了 2 万年之久的全球变暖阶段，所处的地质时代又称“古新世”或“始新世极热期(PETM)”。这一时期造成了深海生物的大灭绝和陆生动物的大迁徙，使全球范围的生物多样性降低并进行了重新的分布。大气中的二氧化碳水平比现在略高。因为全球变暖与地球生态的其他重要变化存在联系，所以对海底沉积物的解读也和当前气候变化的研究工作密切相关。

想要了解更多吗?

参见附录中“我们的发现”。

实验 12　捕鱼时的副产品

题　目

某些捕鱼技术会产生更多的副产品。

简　介

海洋渔业为我们的餐桌提供了多种海鲜产品，包括鱼、虾、扇贝、螃蟹和牡蛎等。可是，渔民在捕捞过程中却会意外地捕获很多非目标生物。那些无意捕获并最终抛弃的动物被称为副渔获物，主要有鲸鱼和海豚等海洋哺乳动物及海龟、海鸟、幼鱼、乌贼等。这些动物不是渔获目标，捕捞后便减少了其种群数量。

并不是所有的捕捞设备都能产生相同的副渔获量。常用的商业捕鱼设备包括刺网（见图 1）、拖网和长线串钩等。刺网布下的是长条形的固定网片，有的刺网靠浮子悬在水体中，也有的加配重后沉入水底。拖网则是船只后拖拽的圆形大网。长线串钩是一条长主线上系着多条绑着钓钩的短线。本实验将比较不同捕鱼设备的副渔获量。

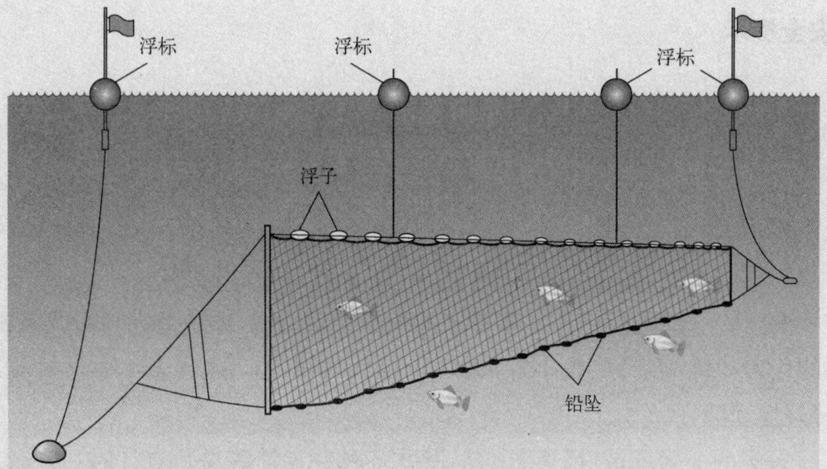

图 1　刺网

实验时间

45 分钟

实验材料

- 小玻璃鱼缸
- 50 大块干意大利面
- 50 小块干意大利面
- 100 粒糖屑
- 20 块饼状鱼粮
- 镊子
- 汤匙
- 小勺
- 计时表
- 实验记录本

安全提示

请仔细阅读并遵守本书“实验前必读”中的“安全准则”。

实验步骤

1. 每3人一组进行操作。实验中的鱼缸代表海洋，大块意大利面代表成鱼，小块的代表幼鱼，碎屑代表小虾，饼状鱼粮代表海龟。将上述4种材料放入鱼缸，轻轻搅动混合。

2. 每组的3名成员“捕鱼”10次，每次5秒钟。计时员负责计时。一名成员用代表长线串钩的镊子捕鱼，另一名使用代表固定刺网的汤匙，第三名使用的小勺代表拖网。小组成员进行分工并分配捕鱼工具和计时表。要捕获的目标是鱼缸里的成鱼。

3. 复制3份统计表并分发给3位“渔夫”，每人在表格上注明自己的捕鱼工具。

4. 回答分析问题1。

5. 完成10次捕鱼操作，目标是捕获12条成鱼。每次捕鱼程序为：

① 计时员说“开始”后，渔夫用工具捞鱼，持续5秒钟；

② 应尽量避免捕捞幼鱼、小虾和海龟；

③ 听到计时员的“停止”口令后结束捕捞；

④ 所有渔夫统计自己捕到的每种动物数量，捕获物应置于一旁。

6. 回答分析问题2—9。

分　析

1. 你认为使用哪种渔具的目标鱼捕获量最大？副渔获量最大的又是哪种渔具？

2. 捕获下列目标时产生最大副渔获量的渔具是哪种？

① 小虾________

② 幼鱼________

③ 海龟________

3. 为什么应该避免捕捞幼鱼?

4. 当你想捞虾时会用什么工具? 怎样才能避免副渔获物?

5. 如果你需要在鱼市上出售 12 条大鱼才能谋生,那么哪种渔具能满足捕获量的要求?

6. 容易捕捞到成鱼的时机是在实验的最初阶段还是在邻近结束之时? 为什么?

7. 你觉得渔民会如何处置他们的副渔获物?

8. 海龟没有鳃,而是依靠肺呼吸空气。如果海龟被缠绕在水下的网具上几个小时,其结果会怎样?

9. 请举出 3 种减少副渔获量的办法。

捕获量统计表

	使用________时捕获的个体数量			
捕鱼次数	成 鱼	幼 鱼	小 虾	海 龟
1				
2				
3				
4				
5				
6				
7				
8				
9				
10				

实验中将会发生什么?

实验中所代表的 3 种捕鱼技术在其捕获物方面是不加选择的。使用长线串钩时,渔民先在鱼钩上挂饵,然后从船上投放线组。鱼类不易发现水中的刺网,从中游过时被捕获。鱼类一旦进入拖网中也无法逃脱。

根据联合国粮农组织(UNFAO)的统计,渔网的捕获物中有 1/4 是副渔获物。这意味着有渔民要从捕捞上来的海洋生物中扔掉 25%,原因是品种和规格不符合要求。如果幼鱼能被挽救,将有助于补充那些被捕获的种群数量。渔网或钓钩捕到海豚和海龟时,它们因无法上浮呼吸而溺水死亡。海鸟下来摄食鱼钩上的鱼饵时也会受困溺水。

与现实生活的联系

环保人士和捕鱼人一直在试图解决副渔获物的问题,并取得了一定成就。一些改进的拖网装备了"海龟封隔器(TED)",海龟可以从网具上加装的逃生出口摆脱困境(见图 2)。海龟封隔器是一组安置在拖网尾端上沿的钢条格栅。小型动物穿过格栅进入拖网底部的网袋,而海龟之类的大型动物则被格栅拦截住,并从侧出口逃出。

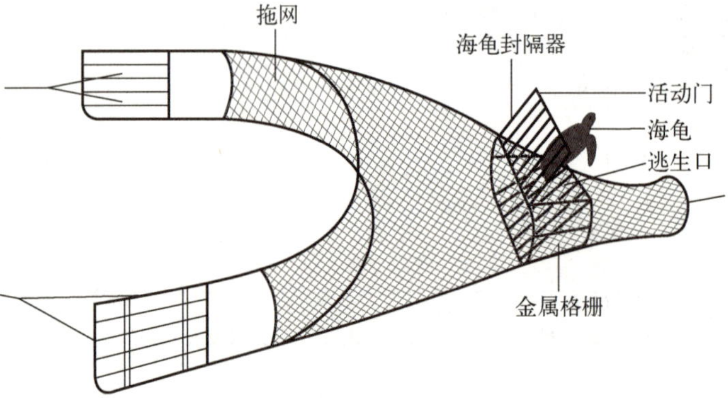

图 2

有一位渔民对拖网中困死的哺乳动物极其关注,便购买了一套脉冲发声装置,声音类似于汽车倒车时的提示音。他在渔网上安装了发声器后发现意外捕获的海豚数量显著下降了。海洋生物学家和其他渔民大力支持这一发明,并共同推动具有驱逐作用的声波发声器的应用。

想要了解更多吗?

参见附录中"我们的发现"。

实验 13　虎鲸与生物积累

题　目

因虎鲸(别名逆戟鲸)自身的生理特点和在食物网中所处的位置,其身体组织内会积累各种毒素。

简　介

毒素或有毒物质能广泛危害野生动植物。这些毒素不是天然产生的,而是人为制造出来的。尽管多数毒素的使用范围仅限于陆地上,可是最终都会进入海洋之中。毒素造成的最严重的危害是生成“持久性有机污染物”。此类污染物中广为人知的是大约 250 种化学物质构成的多氯联苯类(PCB)物质。图 1 显示的是多氯联苯的常规化学结构式。此类物质的化学性质非常稳定,经过很长时间也难以降解。由于多数的多氯联苯类毒素溶于脂肪,所以能在机体的脂肪中聚集。诸如虎鲸(图 2)之类的海洋哺乳动物体内脂肪含量高,更易于积累毒素。一定时期内毒素在生物体细胞内逐渐积累的过程就是“生物积累”。学生通过本实验将发现多氯联苯类物质在动物组织内的积累情况。

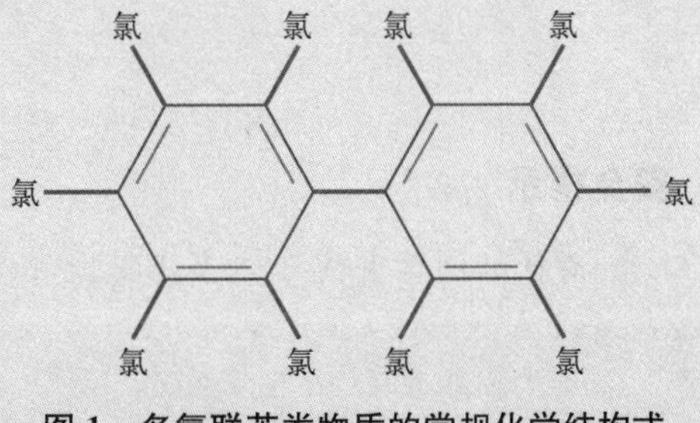

图 1　多氯联苯类物质的常规化学结构式

图 2　虎鲸

实验时间

第一部分 35 分钟
第二部分 25 分钟

实验材料

- 名称卡
- 遮蔽胶带
- 沉积物摄食者名称卡
- 开阔场地
- 计时器
- 实验记录本

安全提示

请仔细阅读并遵守本书“实验前必读”中的“安全准则”。

实验步骤　第一部分

1. 你将扮演虎鲸食物链中的某一种动物。用遮蔽胶带把所扮演动物的名称卡粘贴在衣服上。

2. 跟随指导教师进入实验场地。教师安排学生站成一个大圆圈，分发贴有沉积物摄食者标签的名片。

3. 教师发出开始信号后，戴有浮游动物标签的学生进入圈内场地并开始“摄食”，即收集标有沉积物摄食者的名片，要求每次只能摘取一张卡片。教师发出停止口令后，“浮游动物”终止卡片收集活动，并留在原地不动。

4. 教师发出开始信号时，浮游动物继续采食的同时，戴有鲱鱼标签的学生开始进入场地。鲱鱼是一种摄食浮游动物的小型鱼类。当“鲱鱼”追上“浮游动物”的时候，要将后者所有的名片和标签一并收集起来。被追上的浮游动物返回圆圈队伍中，未被追上的继续摄食。听到口令后全体停止并原地待命。

5. 教师再次发出开始信号后，浮游动物和鲱鱼继续采食的同时，戴有海豹标签的学生开始进入场地内。海豹是一种捕食鲱鱼的海洋哺乳动物。“海豹”要摘下鲱鱼的所有名片和标签，代表其捕食过程，而“鲱鱼”则要返回圆圈队伍中去。听到口令后全体停止并原地待命。

6. 教师再次发出开始信号后，浮游动物、鲱鱼和海豹继续采食，戴有虎鲸标签的学生开始进入场地内。虎鲸是一种捕食海豹的海洋哺乳动物。“虎鲸”捕食“海豹”后，摘下海豹的所有名片和标签，而“海豹”则要返回圆圈队伍中去。听到口令后全体停止并原地待命。

实验步骤　第二部分

1. 全体返回教室。幸存的生物站在教室前面并展示其名片和标签。注意有一些标签上有代表多氯联苯毒素的红点。那些毒素含量低的动物能够生存；毒素含量中等的动物存在免疫和生殖系统方面受损的情况；而毒素含量高的动物则会死亡。为了明确幸存的健康生物和受到毒害生物数量，请核对下一页的数据表。

2. 那些扮演因毒素超量而死的生物的同学应坐下。健康的和受损的要在教师前分开站成两组。

3. 在实验记录本上统计幸存者、受损幸存者和被毒死的生物的数量。

生物名称	毒素含量	结　果
浮游动物	≤3	幸　存
	4 或 5	受损并幸存
	≥6	死　亡
鲱　鱼	≤4	幸　存
	5 或 6	受损并幸存
	≥7	死　亡
海　豹	≤5	幸　存
	6 或 7	受损并幸存
	≥8	死　亡
虎　鲸	≤6	幸　存
	7 或 8	受损并幸存
	≥9	死　亡

分　析

1. 为什么海洋哺乳动物容易积累多氯联苯类毒素？

2. 请用自己的语言解释“生物积累”的定义。

3. 实验中没有被海豹吃掉的鲱鱼有多少？幸存下来并受到毒害或被毒死的鲱鱼各有多少？

4. 没有被虎鲸吃掉的海豹有多少？幸存下来并受到毒害或被毒死的海豹各有多少？

5. 决定虎鲸生存与否的因素有哪些？

6. 本实验所演示的虎鲸食物链共分几级？某些虎鲸食物链可以分出更多的层级。如果鲑鱼捕食了鲱鱼后又被海豹食用，那么食物链就增加了一级。虎鲸食物链层级的增加与其摄入毒素量之间的关系是什么？

7. 虎鲸在 15—20 岁时是生殖活跃期，雌性虎鲸通常每 5 年产下一胎幼仔。

多氯联苯毒素对一群虎鲸所产后代的数量会有什么影响?

实验中将会发生什么?

虎鲸常形成一个以雌鲸为首的稳定群体。通过投射绳标方法提取了虎鲸组织样本后,科学家已经确定雄性虎鲸体内的毒素水平高于雌性。雌鲸通过生产过程将自己体内的部分毒素传递给了幼仔。此外,雌鲸的乳汁脂肪含量很高,也能使其流失一些毒素。所以,虎鲸幼仔体内的毒素水平从一出生就处于较高的状态。

科学家对美国西海岸的虎鲸进行了大量的研究工作。该地区生活着 3 群特点迥异的虎鲸:北方驻留鲸群、南方驻留鲸群和巡游鲸群。北方鲸群中个体的平均多氯联苯类毒素含量为 46 ppm(1 ppm=百万分之一)。与此相参照的是,人体组织内的多氯联苯平均含量为 1 ppm。南方鲸群的含量高达 146 ppm。这是因为南部水域的污染程度较高,导致了二者毒素水平的差异。然而,它们的毒素含量却无法与巡游鲸群的相比,其平均值为惊人的 251 ppm。正如其名称所暗示的那样,巡游鲸群的游动范围广大,直接暴露于全球的污染物。此外,它们的食谱变化较大,摄入毒素的机会也就更多。

与现实生活的联系

多氯联苯最早出现在 1929 年,因其耐热和抗酸碱的特性,广泛应用于电气设备制造领域。油漆、油墨、黏合剂以及表面涂料中也都含有此类化合物。在科学家认识到多氯联苯毒素对人类和野生动植物的危害之前,全世界共生产出了大约 200 万吨的多氯联苯。虽然 1976 年开始实施生产禁令,但是由于含有多氯联苯产品的处理不当,自然环境中的毒素仍然在四处扩散。

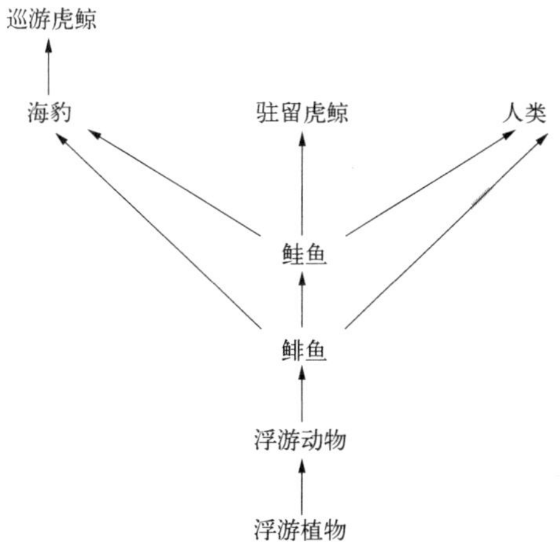

图 3

环境中的多氯联苯与沉积物的颗

粒紧密结合在一起。微生物摄食了这些沉积颗粒后，又成为浮游动物和其他生物的食物。最后，多氯联苯分子沿着食物链传递到虎鲸之类的海洋哺乳动物体内。

想要了解更多吗?

参见附录中“我们的发现”。

实验 14　海域划分

题　目

海洋的不同区域有着不同的物理特性。

简　介

如果把全球各大洋混同在一起来看，平均温度会在 4℃左右，平均深度为 4 267 米。然而，处于平均值的海域却很少。从上到下，所有水体的物理特性，包括温度、压力、溶氧量、养分含量和光照等条件都各不相同，而每一水层的生物都高度适应其生活的特定环境。

水温随着纬度的不同发生着变化。赤道地区的表层水温可以达到 30℃，而两极地区的水温则在冰点左右。温度也跟水深有关，表层海水的温度高于深层海水。

水的深度越大，其压力也越大。水深每增加 10 米，水中的压力相应增加 1 个大气压。尽管在 1 000 多米深度的海底压力惊人，但仍生活着许多海洋生物。有些鱼类和无脊椎动物每天能从深水区浮到海面，却不会产生任何不良反应。这种耐受高压的能力缘于其特殊的生理结构，它们的身体主要是由水构成的。与空气不同，水是无法压缩的，所以压力的变化基本不会对它们产生影响。

水的化学性质，如含氧量和营养物水平等，也是多样的。水体表层附近因为接触空气，溶解氧含量高，温度低的深水区含氧量也较高。水体中层

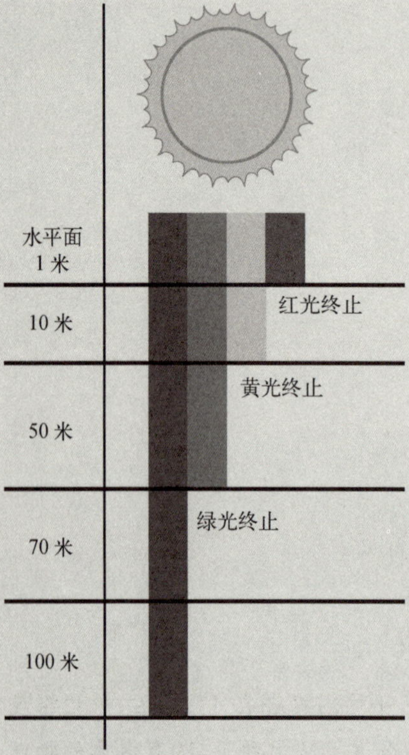

图 1

的含氧量通常最低。生物体内含有各种营养物质，其死后的遗骸连同营养物一起沉入海底。生活在海水表层的浮游植物需要营养物才能进行光合作用，因此依赖上升的深层海水把养分带到上层。

水体不同区域获得的光照条件也各不相同。从海平面到以下的 200 米区域（即透光区）得到的光照足以支持光合作用。太阳光其实就是由彩虹的那些颜色组成的，但是并非所有颜色的光都能穿透海水。红色和橙色的光波能量弱，与高能的蓝光相比，更容易被水吸收。因此，蓝色光波的穿透深度大于其他颜色的光波（见图 1）。水深在 200—1 000 米之间的区域被称为微明区或微光区，穿透下来的光线达到最弱的极限。所有光线都无法穿透 1 000 米以下的水域，那里被称为黑暗区。本实验将验证水深不断增加后物体外观的变化情况。

实验时间

45 分钟

实验材料

- 6 条 13 厘米×4 厘米蓝色薄塑料片
- 剪刀
- 小块的方形美术纸（蓝色、绿色、红色和黑色）

- 整张的黑色美术纸
- 广告纸板(笔记本大小即可)
- 胶带
- 复印好的眼镜模型纸样
- 实验记录本

安全提示

使用剪刀时务必注意安全。请仔细阅读并遵守本书“实验前必读”中的“安全准则”。

实验步骤

1. 回答分析问题1—3。
2. 在复印纸上剪出眼镜模型的组件(见图2),注意要剪出观察孔。

图2 眼镜模型纸样

3. 将模型纸样贴在广告纸板上。

4. 在纸板上画好模型轮廓。

5. 剪出模型的纸板组件并进行拼接。

6. 按照眼镜的观察孔大小和形状修剪出两片蓝色塑料片，然后用胶带粘贴在观察孔的位置。每一层塑料片代表着几米左右的水深。

7. 书桌上铺好整张的黑色美术纸作为背景。

8. 将小块的彩色美术纸随机放置在黑色背景上。

9. 戴上眼镜模型，观察几米水深下的彩色纸片的颜色变化情况。在统计表1中描述每种颜色纸片的观察结果。

10. 摘下眼镜。再剪出2片蓝塑料片，贴在观察孔原有的那层“镜片”上。两层镜片表示水的深度增加了1倍。重复实验步骤9。

11. 不断地添加蓝色镜片，其间观察并描述那些彩色美术纸的颜色变化，直到加至第6层。每加一层镜片代表水深的不断增加。

12. 回答分析问题4—7。

表1　彩色纸片观察结果

蓝色塑料片层数	蓝色纸片	绿色纸片	红色纸片	黑色纸片
1				
2				
3				
4				
5				

分　析

1. 彩虹有哪些颜色？

2. 青草反射了绿光，所以呈现出绿颜色。照射到绿草上的其他颜色的光线发生了什么情况？

3. 如果在月光下观看绿草，会变成什么颜色？为什么会变色？

4. 每增加一层蓝色塑料片，彩色纸片发生怎样的颜色变化？

5. 实验中所用的彩色纸片代表什么？

6. 根据表 2 的数据，哪种颜色的光穿透得最深？

7. 某些鱼类需要在 80 米的深度保持可见状态，你认为这些鱼应是什么颜色？为什么？

实验中将会发生什么？

实验中所用的蓝色塑料片代表着海洋的水层深度。蓝色塑料片吸收蓝色之外的颜色，从而阻挡了部分阳光的穿透。与陆地上的情况一样，海洋里的动物也必须依靠光线才能看清周围的情况。生活在透光区上层的鱼类的视觉敏锐，同时其体色和图案也都富有特色。

表 2

光线波长(颜色)	穿 透 深 度
红 色	5 米
橙 色	15 米
黄 色	30 米
绿 色	60 米
蓝 色	75 米
靛 蓝	85 米
紫 色	100 米

鱼类依赖颜色来帮助自己识别和吸引同类，定位捕食目标，以及躲避掠食者。红颜色的鱼在浅水区看上去就是红色的，可是随着深度的增加，最先看不见的便是红色的鱼，接下来依次是橙色、黄色、绿色，然后是蓝色的。多数时间生活在 75 米以下深度的一些鱼类都是蓝色的，原因是只有蓝色系的可见光才能照射到那个深度范围。而在 100 米以下的深度，红色和其他颜色的鱼只会变成黑色的。所以，活动在较深水层的鱼类要么生有黑色素，要么通体透明，完全没有色素存在。

实际上，光是一种电磁辐射波，具有电波的物理性质。白光是几种长度不同的光波的混合物。红光的波长最长，能量最弱，而紫色光波最短，能量也最强。白光照射到水中的时候，低能光波要比高能光波更快地被吸收掉。表 2 显示的是白光的不同波段所能穿透的最大深度。

与现实生活的联系

生活在海洋最深最暗处的鱼类能适应无光照环境。为了联络同类和吸引猎物，某些鱼类生有特殊的发光器官，利用“生物发光”这一化学反应产生光线。毒蛇鱼背鳍上的一根鳍条演变成一个发光器官，形似诱饵(见图 3)。小鱼受到闪光“诱饵”的吸引，很容易成为毒蛇鱼的猎物。毒蛇鱼和其他一些深水鱼类的眼睛大而突出，有助于汇集其他海洋生物所发出的任何光波。

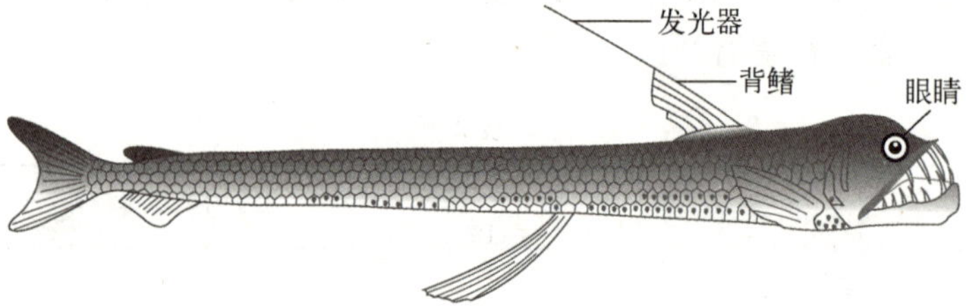

图 3　毒蛇鱼

想要了解更多吗?

参见附录中“我们的发现”。

实验 15　棘皮动物的适应性

题　目

棘皮动物拥有一套水脉管系统，使其具有机动性和捕食能力。

简　介

顾名思义，棘皮动物是一群表皮多刺的海洋动物门类，包括常见的海盘车（海星）、海蛇尾（燧足海星）、沙钱（饼海胆）、海黄瓜（海参）和海刺猬（球海胆）等。放射对称结构是这些动物的身体特点。包括人类在内的多数动物都是两侧对称的构造，身体的左右部分如镜像般对称。棘皮动物一般长有 5 条或 5 的倍数条附器，即放射状的腕，其中的水脉管系统使附器能够吸附物体。在棘皮动物的体盘中央，消化系统周围有一圈环形水管（见图 1），从中央的管道环又向每条放射腕延伸出分支管道。放射管道连接着若干小囊状的壶腹，壶腹的端口是可以形成吸盘的管足。抽空管足腔内的水，棘皮动物便能靠负压吸附物体。如果需要放开抓住的物体，通过管足充水便可以实现。从外表观察，管足位于每条腕的腹面步带沟内。海星是最常见的一种棘皮动物。学生在本实验中将观察活体海星并动手制作海星的脉管模型。

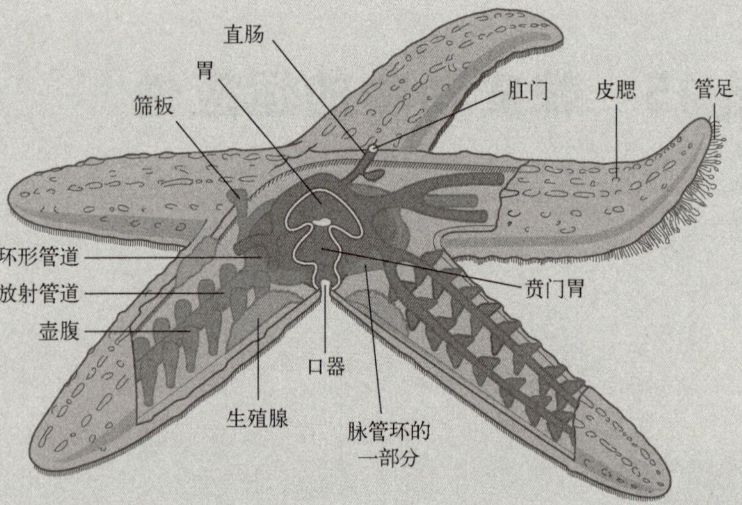

图 1　海星

实验时间

第一部分 35 分钟
第二部分 55 分钟

实验材料

- 养在咸水水族箱中的活体海星
- 浅塑料容器(用于承装海星)
- 放大镜
- 塑料杯
- 制模黏土
- 吸管
- 橡胶导管
- 橡皮筋
- 回形针

- 纸杯
- 水源
- 实验记录本

安全提示

处理活体生物时务必小心。接触海洋动物后要彻底洗手。请仔细阅读并遵守本书“实验前必读”中的“安全准则”。

实验步骤　第一部分

1. 将 1 只海星从水族箱中小心取出，放入盛有咸水的浅塑料容器内。

2. 观察海星的背面(上表面)，确定体盘和延伸出的腕的位置。体盘是海星躯体的中央部位。

3. 找到筛板的位置(见图 1)。筛板是一种疣状隆起的圆形结构。

4. 用放大镜观察背部的棘皮，重点观察表皮上的凸起构造。

5. 轻轻翻转海星使其腹面朝上。

6. 确定体盘上的口的位置。

7. 观察伸展在每一条腕上的步带沟。管足沿着步带沟排列。

8. 找到海星的管足，用手指轻触管足。

9. 将海星送回水族箱。

实验步骤　第二部分

1. 注意观察图 2 中水脉管系统的组成部分：环形管道、腕上的放射管道、壶腹和管足。

2. 制作一个海星水脉管系统的模型。学生可以制成结构模型，只显示系统部位和构成模式，也可以制作功能模型，展示海星如何利用管道中的水循环实现吸附和放开目标。模型制作过程中，注意以下要点：

① 可以使用指导教师提供的任何材料，但不必全部使用；

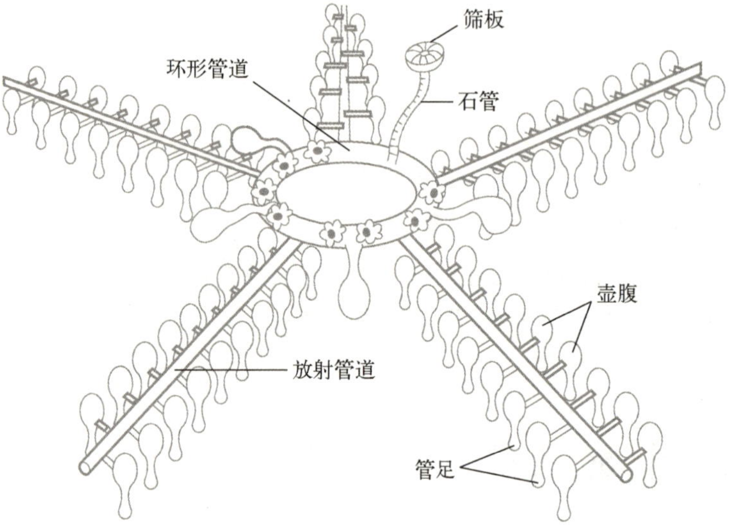

图 2

② 必须能够说明模型各部位所代表的对应器官是什么。

分 析

1. 棘皮动物有哪些基本特征？
2. 叙述用显微镜观察海星背面表皮的结果。
3. 海星身体上有无起到感光或嗅觉作用的结构？
4. 海星如何用腕足吸附在礁石上面？又如何脱离礁石？
5. 解释说明自己完成的模型的各部分所代表的部位。

实验中将会发生什么？

海星没有大脑、眼睛、鼻子、手或足等器官，但是它们却是非常成功的无脊椎动物，在地球上已经生存了几十亿年。海星依靠管足在海底运动，找寻食物。此外，管足也具有其他功能。分布在管足上的感觉神经能使海星了解周围环境。每条腕端上的眼点结构也能收集外界信息。虽然眼点无法像眼睛一样看见影像，但却是真正的感光器官，用于探测光线的存在和变化。

当我们触摸海星时，会觉得手感坚硬，表皮粗糙不平。海星体内生有骨骼，其成分与脊椎动物的骨骼相近。相互链锁着的钙质硬片保护着柔软的内脏器官。骨骼外覆盖着厚厚的表皮。表皮上突出的隆起物被称为皮鳃，是海星吸收氧气的器官。另外，钳状的叉棘能够清除海星背上异物。背面大块的色斑是海星的筛板，是脉管系统吸水时的过滤部分。筛板旁边的凸起物是肛门。

海星属于掠食性动物，捕食多种小型动物，包括蛤蜊、贻贝、海螺和藤壶等软体动物。为了打开蛤蜊的两片硬壳，海星首先包裹猎物，并用管足吸住蛤蜊的壳，慢慢将其拉开。一旦两壳之间出现裂缝，海星会把胃从口中探入蛤蜊体内。胃分泌的消化酶能杀死猎物并开始分解其内部组织。海星用完美餐后，胃会返回到原来的部位，此时的蛤蜊已经变成空壳了。

与现实生活的联系

海星具有器官再生能力，如果失去一条腕，能通过再生的方式长出新腕。有一些物种的再生能力达到令人惊讶的程度。蓝指海星的一条腕可以生长成为完整的新个体。一只被分割成 5 块的蓝指海星能够变成 5 只新的海星。这种个体的再生实际上是一种无性繁殖方式。

大多数棘皮动物的基本生殖方式是有性繁殖。雌雄个体将生殖细胞排入水中，受精过程在水里完成。胚胎生长发育后的幼体随波逐流，成为浮游动物的一分子，通过摆动纤毛获取食物。成长过程中的海星被归为“后口动物”，此类动物胚胎身体结构是左右对称的。幼虫以后会沉到海底并最终发育成熟。

想要了解更多吗?

参见附录中“我们的发现”。

实验16　海胆的受精过程

题　目

海胆是通过体外受精的方式完成有性繁殖的。

简　介

海胆属于棘皮动物门。棘皮动物包括海星和海参等动物，其体表多棘刺或凸起物，雌雄异体。某些种类的雄性体色没有雌性的丰富，但是辨别其他种类的个体性别还是比较难。棘皮动物的卵在体外受精。卵细胞和精子被排入水中后，精子游向卵子完成受精。受精卵在几分钟内便开始一系列的细胞分裂过程，之后是幼体的发育过程。幼虫漂浮在浮游生物群中，并经历几个月的采食和生长发育。最后，它们迁移至海底，发育成体表长棘的球状体态，外形和成熟体完全一样。因种类不同，海胆从出生到成年的时间大致为2—5年。本实验的目的是从海胆成体中采集卵子和精子，并观察生殖细胞的受精过程。

实验时间

第一部分55分钟

第二部分45分钟

实验材料

- 人造海水 5 升
- 浓度为 0.5 M 的氯化钾溶液 2 毫升
- 烧杯(杯口直径比实验中的海胆略小)
- 铝箔纸
- 培养皿(用底盘或顶盖均可)
- 1 毫升规格的注射器
- 保鲜膜
- 50 毫升的烧瓶
- 移液管
- 微量吸液管
- 温度计
- 载玻片
- 盖玻片
- 复式光学显微镜
- 试管架
- 标签
- 实验记录本

安全提示

使用注射器时要注意安全。氯化钾意外注入人体会有危险。处理活体生物时务必小心。接触海洋动物后要彻底洗手。请仔细阅读并遵守本书“实验前必读”中的“安全准则”。

实验步骤　第一部分

1. 小心地从容器内取出一只雄海胆,腹面朝上放置。观察到的是海胆的口面。引导排精：用注射器注入 1 毫升的氯化钾溶液，在海胆口部两侧各注射 0.5 毫升。不要注入海胆的口中（见图 1）。轻轻摇晃海胆 1 分钟，使药液发散混合。

2. 把雄海胆口面朝下放在干燥清洁的培养皿上。几分钟后海胆会排出灰白色的精液。用洁净的移液管采集精液，注入试管之中，用保鲜膜封住试管口，保存在冰块上或冰箱内（精子在 4℃条件下可以存活 5 天）。

3. 把雄海胆放回容器。

4. 小心地从容器内取出一只雌海胆，腹面朝上放置。观察到的是海胆的口面。引导排卵：用注射器注入 1 毫升的氯化钾溶液，在海胆口部两侧各注射 0.5 毫升。不要注入海胆口中（见图 1）。轻轻摇晃海胆 1 分钟，使药液发散混合。

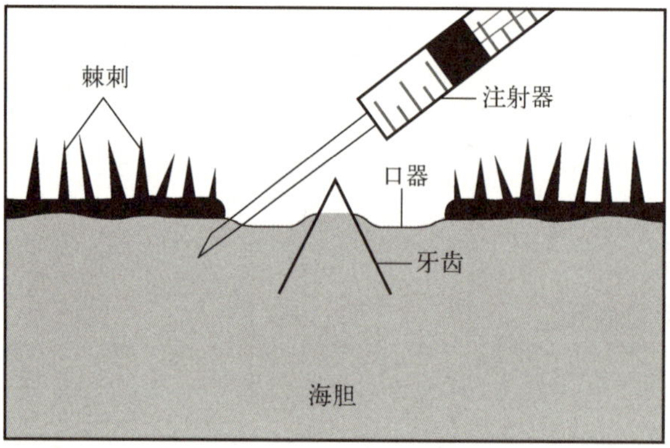

图 1

5. 把雌海胆口面朝下放在注有人造海水的培养皿上。注意：要使海胆搭在培养皿口沿上，同时保证其身体触水。如果器皿口沿不足以支撑海胆，用铝箔纸辅助支撑。水温是影响排卵的重要因素。如果实验对象是绿海胆（L. variegatus），海水应达到室温。如果使用紫海胆（S. purpuratus）和白海胆（L. pictus），水温应低于 14℃。

6. 几分钟后海胆会将棕黄色的卵排入水中。排卵结束后，将雌海胆送回原来的容器内。

7. 使海胆卵在烧瓶的人造海水中静置几分钟。稳定后用新鲜的人造海水替换原来的水。换水的目的是冲掉卵上面的胶状保护膜。

实验步骤　第二部分

1. 用移液管将一些卵子注入一只 5 毫升的烧瓶内。

2. 用微量吸液管在另外一支试管中加入 5 毫升的海胆精液，并注入 15 毫升海水加以稀释。

3. 将 1 滴卵子滴在凹玻片上。

4. 将凹玻片放在复式光学显微镜的载物台上，用中低倍焦距观察卵子。在实验记录本上画出观察结果。

5. 加入一滴精子，然后盖上盖玻片。继续观察玻片，直到发现卵子外表形成受精膜(见图 2)。

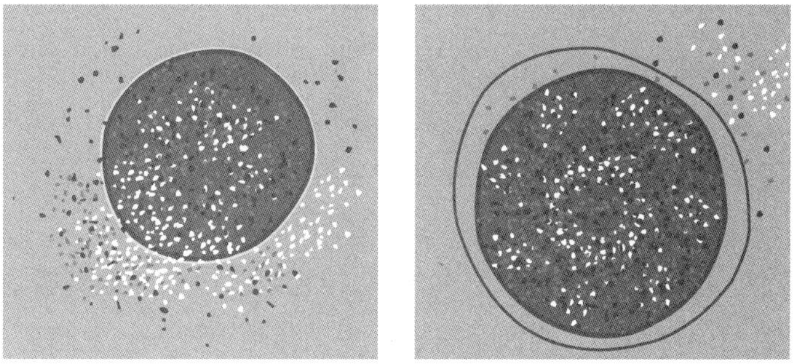

图 2　左图是精子包围着的卵，右图中的卵已经形成了受精膜

分　析

1. 描述海胆口器的外观。

2. 试用自己的语言定义“产卵”。

3. 注射完氯化钾后，雄海胆的什么部位出现精子？

4. 注射完氯化钾后，雌海胆的什么部位出现卵子？

5. 估算显微玻片上观察到的精子数量。

6. 如何判断卵子已经受精？

7. 精子和卵子都只有一套染色体的半数，所以被称为单倍体(1N)细胞。那么一枚受精卵是单倍体还是双倍体细胞？请解释你的选择理由。

实验中将会发生什么?

一个精子游向卵子后接触到卵子外的胶质保护膜之时,受精过程也就开始了。精子头部的顶体结构释放的酶能够分解保护膜。在卵子的外层,精子的蛋白质与卵子的受体紧密结合在一起。这种结合方式确保只有同一物种的精子才能给卵子受精。精子的细胞膜与卵子的细胞膜相互融合后,卵子便开始排斥其他精子。卵子的外表层与细胞膜脱离,二者间的空隙充斥着水分,形成了一层受精膜。精子的细胞核与卵子的细胞核也融为一体,积聚了雌雄亲体双方的遗传信息。

经过几个小时之后,受精卵的分裂过程(卵裂)开始了。首先,受精卵要经历有丝分裂期,形成两个卵细胞。然后它们再进行二次分裂,变成 4 个。在分裂继续进行的过程中,受精卵的体积不会增大。最后,分裂导致细胞内发育成一个中空的球体——囊胚泡,中央是一个充满液体的囊胚腔(见图 3)。受精卵的第二个发育阶段是原肠胚形成期,细胞开始产生功能分化,同时形成 3 个不同的胚层:内胚层、中胚层和外胚层。这 3 层各自分化成不同的组织,成为海胆幼体的身体组成部分。外胚层将发育成上皮组织、神经组织以及其他类型的组织结构,其中包括口器的内层组织。内胚层将发育成消化道、呼吸道、生殖道和泌尿道的表皮组织,还有内分泌器官和消化腺的表皮组织。中胚层将成长为骨骼、肌肉、循环、排泄和生殖系统。

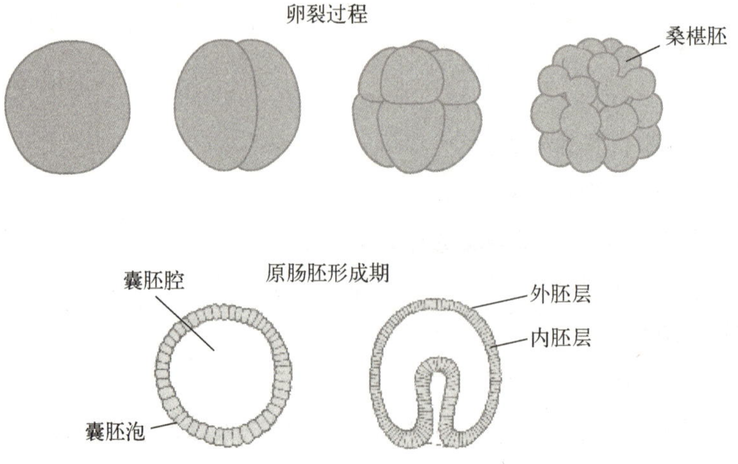

图 3

与现实生活的联系

海胆是相对体型较小的棘皮动物，直径一般为 3—10 厘米。海胆体表的棘刺为其躲避天敌提供了保护和伪装。世界各地的海域都能发现海胆，栖息地包括满潮湖、海草海床、波浪冲击的海岸、珊瑚礁和海藻丛林区。海胆白天嵌在礁石缝隙间或半埋在海底沉积物或海草之中躲避捕食者。夜间在海底缓慢爬行，搜寻食物。海胆的口器是生于腹面的骨质构造，有 5 颗牙齿或骨片，用来啃食藻类。

想要了解更多吗？

参见附录中“我们的发现”。

实验 17　会发光的藻类

题　目

某些藻类具有发光能力，依靠的是生物发光现象。

简　介

鞭毛藻类当中包括多种单细胞原生生物，约有几百个不同的种类。所有的鞭毛藻都生有一对鞭毛，使其具有游泳能力（见图 1）。有一些藻类的纤维素硬板具有保护作用。有的种类体内有锁定阳光的色素的能力，能够进行光合作用。其他种类的鞭毛藻则为共生生物，与海洋里的宿主一起生

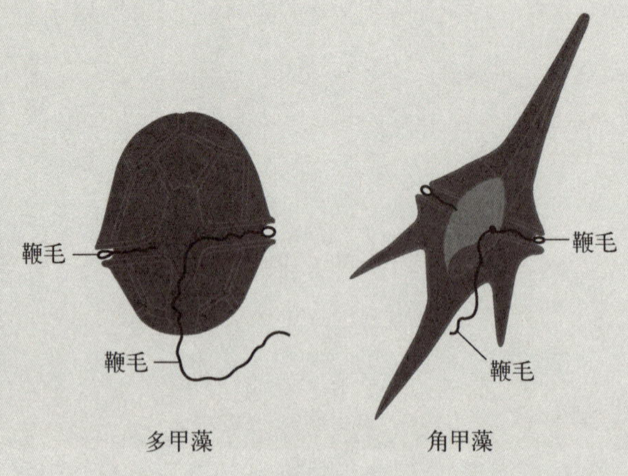

图 1　包括多甲藻和角甲藻在内的鞭毛藻类生有鞭毛

活，例如珊瑚、海绵和扁形虫等。个别种类寄生于其他小型生物体内，如浮游生物、鱼类等。大约一半的鞭毛藻类是异养生物，食用浮游生物中的细菌或其他原生生物。有一种藻类背负恶名，它们产生的毒素可以致病，毒死鱼类、海洋哺乳动物，甚至人类。由于其体内含有红色素，群体数量在快速生长阶段，海水被它们染成了红色，由此得名“赤潮”。

有些种类的鞭毛藻能够利用化学反应发光，其原理近似于萤火虫的发光原理。生物的发光能力被称为生物发光现象。生物光通常是偏蓝的绿色光，人们也发现了黄色、红色及其他颜色的生物光。具有发光能力的生物大多数生活在海洋里。本实验观察鞭毛藻的生物发光现象。

实验时间

55 分钟

实验材料

- 小瓶装的发光鞭毛藻类(如腰鞭毛虫)
- 复式光学显微镜
- 载玻片
- 盖玻片
- 滴管
- 暗室或能控制光源的房间
- 实验记录本

安全提示

请仔细阅读并遵守本书“实验前必读”中的“安全准则”。

实验步骤

1. 将鞭毛藻样本的小瓶轻放于桌面上。

2. 在黑暗条件下，观察未受触碰的样本。回答分析问题 1。

3. 轻轻摇晃样本。回答分析问题 2。

4. 打开灯光。准备鞭毛藻的湿涂片，方法是：(1) 从样本瓶中吸取部分鞭毛藻，滴在载玻片上；(2) 盖上盖玻片。

5. 将涂片放在显微镜下，打开光源，目镜调至低倍焦距，观察 1—2 分钟。在实验记录本上描画出你所观察到的藻类简图。

6. 在不干扰玻片的情况下，关闭显微镜和房间的光源 2 分钟左右。

7. 关灯期间，通过显微镜目镜观察涂片 1—2 分钟。回答分析问题 3。

8. 继续在目镜中观察，同时轻轻敲打涂片，干扰涂片上的藻类。

9. 回答分析问题 4—7。

分　析

1. 描述桌面上的瓶装鞭毛藻样本。

2. 描述摇晃后的样本。

3. 描述黑暗条件下观察涂片的结果。

4. 描述敲打涂片后的反应。

5. 根据实验中的观察结果，引发鞭毛藻发光的因素是什么？

6. 请用自己的语言定义“生物发光现象”。

7. 设计一项新实验，目的是进一步研究鞭毛藻的生物发光现象。

实验中将会发生什么？

鞭毛藻发光的原因是什么？现在尚无确切答案，但是科学家已有所认识。在这个实验中，我们观察到外界的干扰引起了藻类发光。当暴风雨来临的夜晚，观察者在岸边有可能目睹到浪涛间的荧光闪烁。鞭毛藻类既是生产者（自养生物），也是异养生物，在海洋食物链中的地位较低，是小鱼的主要食物。发光能力或许是一种独特的自我保护手段。当捕食者侵入领地时，整个群落的成员都开始闪光。研究表明，这种闪烁的生物光起到了警报作用，提示更大的鱼类过来捕食入侵者。

与现实生活的联系

鞭毛藻的每一波闪光仅仅持续几毫秒。其间发挥作用的化学物质统称为荧光素。所有的生化反应都需要酶的参与，其中荧光素酶能刺激荧光素发光。荧光素与氧发生氧化反应，生成光能和氧化荧光素（见图 2）。氧化后的荧光素分子不能再次发光，而经分解后才能生成新的荧光素。

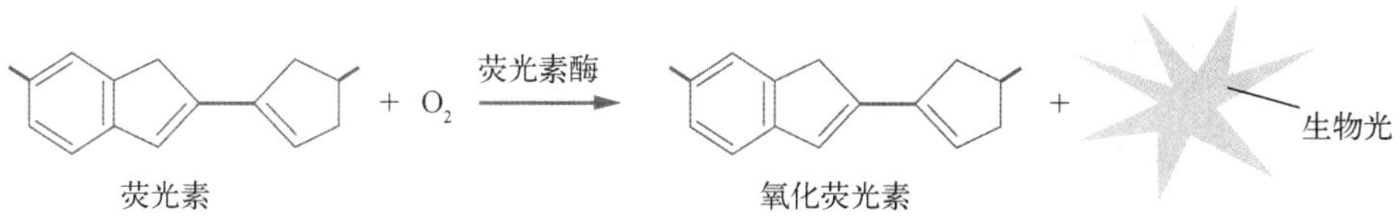

图 2

生物发光现象是基因工程学中的一项重要研究工具。负责发光的基因可以和目的基因链接在一起，一同注入目标生物体内。一旦出现发光现象，研究者就可以确定目的基因是否到位。我们推测生物发光现象的未来应用价值将是多层面的，既有简单的，更有高度复杂的应用。冷杉植入发光基因后，有可能培养出不需要使用灯光的圣诞树；公路边的发光行道树能为路人起到提示作用。我们将来有可能买到水族箱里会发光的观赏鱼，或是能发光的小猫和小狗做宠物。

想要了解更多吗？

参见附录中“我们的发现”。

实验 18 鱼类的适应性

题目

每种海洋生物都有独特的生存适应性。

简介

所有鱼类都具有基本相似的特点。因为生活在水中的缘故，鱼类依靠腮为其供氧，多数生有鳍和尾巴，推动鱼体在水中前进。鱼类是冷血动物，体温随着环境温度的变化而变化。

每种鱼都要适应各自独特的栖息环境和生存方式。鲀（如河豚）是小型鱼类，游泳速度不快，受到威胁的鲀鱼会在胃里充满水，最后整个身体膨胀成一个刺球。鮟鱇鱼的头顶生有一条会发光的器官，起到引诱猎物的作用。四眼蝴蝶鱼（见图 1）在尾部两侧长着一对白圈围绕的黑色大圆斑，形似眼睛，用于迷惑猎食者。衰鲉（别名狮子鱼）的颜色艳丽，披挂着保护性的毒刺。学生通过本实验会进一步了解鱼类的适应性，并运用相关知识设计海洋鱼类模型。

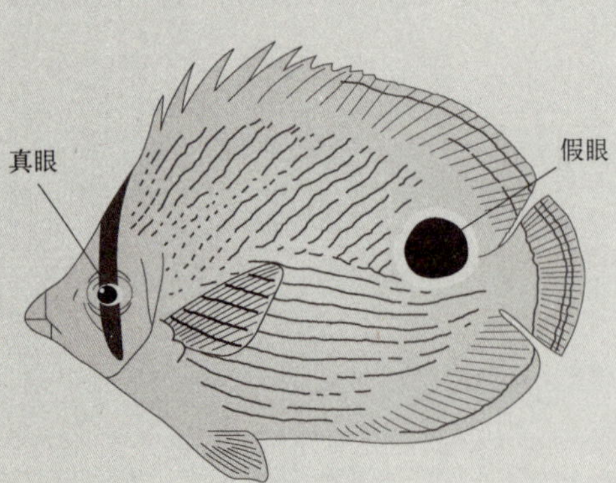

图 1 四眼蝴蝶鱼的体侧生有假眼图案

实验时间

第一部分 45 分钟
第二部分 45 分钟

实验材料

- 有关海洋生物方面的网络资源或参考书
- 美术纸
- 硬纸板
- 剪刀
- 胶水
- 胶带
- 彩色记号笔或彩色铅笔
- 实验记录本

安全提示

请仔细阅读并遵守本书“实验前必读”中的“安全准则”。

实验步骤 第一部分

1. 利用网络资源或参考书了解生物的适应性。
2. 回答分析问题 1—9。

实验步骤 第二部分

1. 从指导教师处获得一份标有某种鱼类栖息地特征的文字介绍。
2. 研读这一栖息地的描述内容。

3. 可以使用教师提供的任何器材，设计并制作一条假鱼，要求这条人造鱼必须要适应规定的海洋栖息环境。在设计和制作过程中要掌握鱼类的基本共同特征，更要注意满足特殊生存需要的特点。另外，几乎所有的鱼类都必须躲避捕食者。设计时也要考虑鱼嘴的大小和外形，眼睛的大小和位置，鱼鳍的结构，躯体形状和体色等因素。

4. 写出一页实验报告，介绍自己的设计成果，说明环境适应性的表现形式。

分　析

1. 海洋生物的不同体色有什么用途？

2. 如果捕食者来自上方，这种鱼的颜色应该上深下浅还是上浅下深？请解释原因。

3. 鱼生有6—8片鳍。每片鱼鳍的功能是什么？鱼鳍是怎样适应外部环境的？

4. 有些鱼类独自生活，有的则成群结队。集结成群的优势是什么？

5. 描述3种鱼类摄食方式的适应性特征。

6. 有一种鱼每月进食一次，另一种鱼每天进食，它们的口和胃会有什么差别？

7. 鱼眼睛的大小、形状和位置有什么变化？

8. 请说明下列鱼的体态：

① 捕食者难以吞咽的鱼；

② 在水底觅食的鱼；

③ 游速快的鱼；

④ 平躺在水底的鱼；

⑤ 躲藏在礁石和裂隙间的鱼。

9. 有些鱼生有大大的假眼斑点，假眼的好处是什么？

实验中将会发生什么？

无论是对于捕食者还是对被捕食者，鱼类皮肤的颜色和色素分布形式都起到重要作用。被捕食者的体色和图案丰富多样，有助于避开天敌的侦测。一些鱼类的伪装色能使自己与环境融为一体，比如鳐鱼的肤色和纹理与海底的完全一样。

图 2　反隐蔽特点的鱼类的背部颜色暗，而腹部的颜色很浅

“反隐蔽”是一种保护色类型，鱼类的背部颜色深，腹面颜色浅（见图 2）。因为背部的颜色与海底的暗色背景一致，当捕食者从上面向水中望去时，很难发现猎物。这种鱼也同样不易被其泳层以下的捕食者发现，原因就是从下向上看，浅色的腹部融入阳光照射到的水面背景中。

“混隐色”是另一种躲避捕食者的适应性特征，杂乱的体色能迷惑捕食者。某些神仙鱼的体表有纵向条纹，使其轮廓看起来不显眼（见图 3）。混隐色的又一形式是让捕食者难以分辨猎物的头尾。例如，一些鱼的尾部生有误导捕食者的假眼图案。如果捕食者攻击尾部，猎物可以避免受到重伤，有时甚至能快速游向前方而安全逃脱。

图 3　纵向条纹能迷惑捕食者

与现实生活的联系

出于逃避捕食者或成功捕食的目的，一些鱼类的适应性表现得非常极端。多种鱼类可以制造毒素。为了凸显其致命武器，有毒动物的体色常常鲜艳无比。蝎子鱼（石狗公）、鲇鱼和黄貂鱼（刺魟）的棘刺能释放毒素。黄貂鱼尾部有一根硬刺，警告捕食者时能挺立起来。硬刺旁边或基底部的毒腺分泌出致命的毒液。

某些鱼类，尤其是鳐鱼和鲨鱼，能够感知电场。这些鱼的头部有充满胶质的管道，用于收集猎物发出的微弱电场。研究表明，这些鱼也能感知地球的电磁场，并利用其探测电场的特殊器官进行导航。还有的鱼类能发挥电击作用，将猎物击昏。电鳗就能利用电场进行猎物定位、信息交流和导航。

想要了解更多吗?

参见附录中“我们的发现”。

实验 19　海洋食草动物的食谱

题　目

某些海洋食草动物表现出对特定类型海草的偏爱。

简　介

“海草”一词是用来描述海洋的浅水区水下生长的任何一种海洋被子植物，它是从陆地植物演变过来的。与陆生祖先一样，海草生有真正的根和维管组织，也能借助光合作用制造糖分。

海岸附近和珊瑚礁周围能发现草底海床，那里是海洋生物的庇护所和保育所。草底海床的物产丰富，多种鱼类和其他海洋生物，包括甲壳纲动物、棘皮动物和软体动物，它们的主要食物来源就是海草。

已知的海草包括多种不同的植物，在颜色、形态、高度和营养价值方面存在差异。较为常见的有海龟草属的龟背草(泰莱草)，针叶藻属的海牛草(金线草)，二叶藻属的滩草(莱氏二叶藻)，喜盐草属的约翰逊盐藻、浆草和星叶草等(见图 1)。一些海底混合生长着多种海草，而食草动物的食物也具有多样性。本实验的对象是两种不同的海洋食草动物和两种类型的海草，需验证的是某一种动物对海草是否存在选择性。

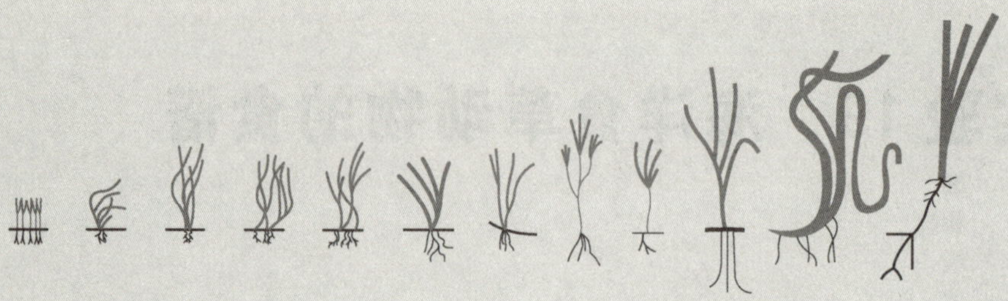

1. 喜盐藻属　4. 大叶藻属 / 异叶藻属　7. 针叶藻属　10. 海黾草属
2. 二叶藻属　5. 虾形藻属　8. 根枝草属　11. 海菖蒲属
3. 川蔓藻属　6. 海神草属　9. 全楔草属　12. 聚伞藻属

图 1　海草的分类

实验时间

首日 45 分钟
之后每天 20 分钟，连续进行 3 天

实验材料

- 咸水水族箱 2 个，容积为 38—76 升（实验前需准备好脱氯净水、过滤器、海盐、温度计和加热器，并保持水循环 72 小时才能开始实验）
- 2 种不同的海草
- 2 种不同的海洋食草动物（鱼、海螺、海蟹、海胆或虾均可）
- 直尺
- 剪刀
- 2 段长约 46 厘米的辫绳，直径不超过 0.6 厘米
- 系于绳子上使其下沉的配重物 4 块
- 坐标纸
- 铅笔
- 彩色铅笔
- 记号笔

- 实验记录本

安全提示

处理活体生物时务必小心。接触海洋动物后要彻底洗手。请仔细阅读并遵守本书“实验前必读”中的“安全准则”。

实验步骤

1. 2 个水族箱分别标明“1 号箱”和“2 号箱”。

2. 分别在 1 号和 2 号水族箱中投放一种实验动物，按所在水族箱称呼为 1 号动物和 2 号动物。在实验记录本上记录具体的实验动物种类和名称。

3. 每段绳索的两端系上重物。

4. 用不褪色记号笔在绳索一端接近配重物之处画上标记。

5. 用直尺从标记处量出 30.5 厘米后再做一个记号。两个记号间的那段绳索就是试验区。

6. 从两种海草中各取出数量大致相等的 1 份，并把每种海草逐棵逐片分离开。同时分别命名为 A 海草和 B 海草。记录下海草的类型和名称。

7. 从 1 根绳索的实验区段的一端开始，稍用力反向扭转一节绳索，把一片 A 海草的一端插入绞股开口处，绳索复原后便夹紧海草(见图 2)。

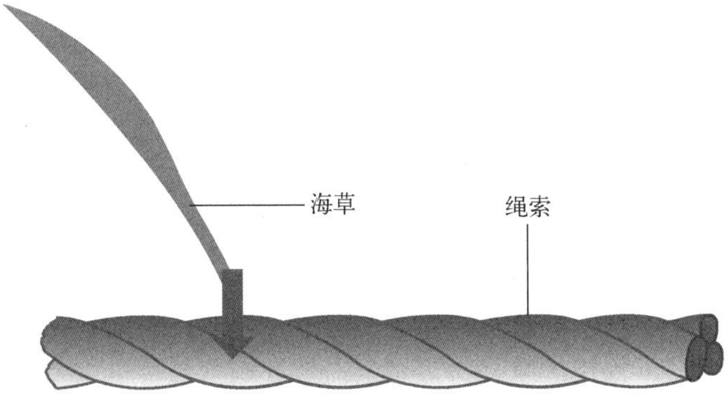

图 2　绳索紧固海草的示意图

8. 用同样方法在距离A海草1.3厘米处嵌入1片B海草。每隔同样距离交替地嵌入两种海草，直至实验区段另一端的标记处。注意要使所有被夹住的海草叶片朝向同一方向。

9. 用剪刀把海草修剪整齐，从绳索处留出7.6厘米长。

10. 在另一根绳索上重复进行第4—9步的操作。

11. 将一根夹着海草的绳索小心放入1号箱，另一根放入2号箱。拉伸两端的重物，使绳索在水箱底部呈直线状态。

12. 经过24小时后，测量1号箱内绳索上的海草长度。注意实验开始时的长度是7.6厘米。记录每种海草被食用的长度。例如，如果A海草此时的长度是5厘米，被食用的就是2.5厘米。在统计表1上记录1号箱中两种海草被食用的总长度。

13. 测量2号箱里绳索上海草的长度。在统计表2上记录2号箱中两种海草被食用的总长度。

14. 再重复2次进行步骤12和13的操作。记录3天内每隔24小时不同海草被食用的总长度。分别将结果记录在表1和表2上。

表1　1号箱食用海草数量统计表

品　种	第一天	第二天	第三天	第四天	总　计
A海草	0				
B海草	0				

表2　2号箱食用海草数量统计表

品　种	第一天	第二天	第三天	第四天	总　计
A海草	0				
B海草	0				

分　析

1. 你在实验中选用的是什么品种的海草？画出每种海草的形态简图并描述其差别。

2. 实验中的控制因素是什么？为什么这些因素很重要？

3. 把实验测量结果以线状图形式分别标绘在坐标纸上，显示出 4 天中两种海草的食用量变化。再绘制出 1 号箱和 2 号箱对应的曲线图，每幅图表中用两种颜色的线条代表不同品种的海草食用量，以便加以区分。

4. 1 号动物对两种草的偏爱程度如何？结论的根据是什么？

5. 2 号动物对两种草的偏爱程度如何？结论的根据是什么？

6. "机会主义采食者"是指进食自己能够得到的任何食物的生物。这一称呼适用于本实验中的两种动物吗？请说出原因。

实验中将会发生什么？

以采食海草为主的生物有很多种。海洋食草动物吃进海草，获取其中的能量。实际上大多数海草的营养价值相近，这一点并不是选择食物的主要条件。动物在选择食物时更倾向于自己熟悉的种类。它们偶尔会冒险尝试新的一种植物，但是一般又会返回到传统食谱上。

尽管多种海洋食草动物会偏爱自己栖息地一带的特定食物，但也能成为机会主义采食者，进食牧场上任何可食用的食物。某些动物只在食物短缺的时候才会运用机会主义的采食策略。有的则是在一生的大部分时间充当机会主义者。不同物种的进食策略有不同的形成原因。一些动物的运动能力有限，所以只能选择附近的海草作为食物。有的动物的新陈代谢速率很高，必须不断进食才能维持身体对能量的需求。

与现实生活的联系

很多人认为海草就是一种海藻，可实际情况却并非如此。一般来讲，海藻所指的是多种不同的藻类，它们实际上属于较低级的原生动物界，并非植物界。虽然藻类和植物都能进行光合作用，有的外表也相像，但是也有明显的差别。多数植物生有典型的功能具体的组织，如根、茎、叶等器官，能够结出用于繁殖的种子。虽然多数藻类的结构在很多方面与植物近似，但是没有这些分工明确的组织或器官。例如，大型海藻生有附着器以便附着在海底，可是附着器没有植物根的吸收功能。澡类也有形似植物叶子的叶片结构，但也不具备叶子的真正功能。

想要了解更多吗？

参见附录中“我们的发现”。

实验 20　除草剂对非目标生物的影响

题　目

灭藻剂或除草剂能对水体中的非目标生物造成影响。

简　介

池塘可以起到景观美化的作用。池塘中最常见的生物包括金鱼或锦鲤以及多种水生植物。然而，如果弃之不管，这些装饰性的景观可能会出现水藻和野草的泛滥成灾。短时间内，池水会变成绿色，茂密的杂草会令景观生物窒息。因此，人们用灭藻剂或水用除草剂处理池塘，控制那些讨厌的入侵者。很多时候，这些化学物质的危害远大于其功效，除了有效杀灭目标生物外，也影响到非目标物种。

一座池塘中生长着多种不同种类的植物和藻类(见图 1)，所以也就有多种专用的灭藻剂和水用的除草剂。按照其化学作用可分为两类：一是针对性强的窄谱药剂，只作用于少数具体的目标生物种类；二是广谱药剂，则对多种植物或藻类有效。在大的药剂类别中，消费者也有不同的选择。有的剂型能破坏目标生物的基础代谢；有的干扰光合作用，终止其能量转化过程；还有的效仿天然植物激素的功能，抑制植物的根和茎的生长；也有的能分解植物细胞壁。施加了化学药剂后，水体中其他生物的健康会受到影响，各种问题也随之产生。学生在本实验中要自主设计实验，确定某种药剂对非目标生物的负面影响。

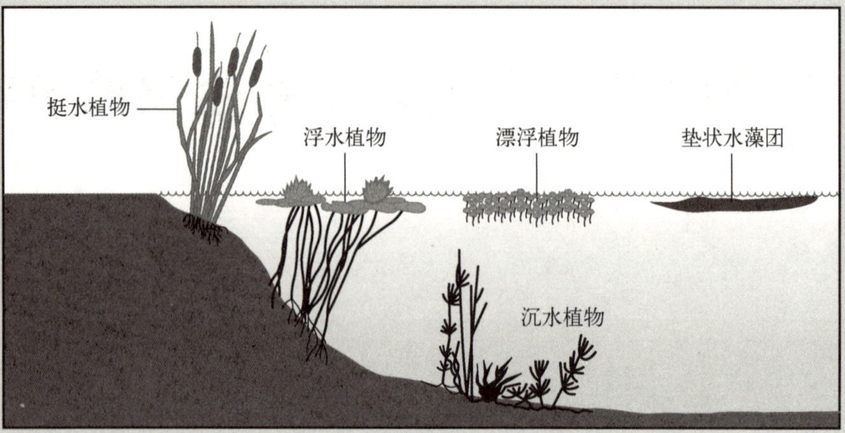

图 1　水生植物和藻类

实验时间

第一天 55 分钟

其后的 2 周内每天 10—20 分钟

实验材料

- 方便的上网条件
- 容积为 38—76 升的水族箱 2 个（配备过滤器、循环泵、脱氯净水、温度计和加热器）
- 酸碱度（pH）测试工具
- 紫外线灯 2 只
- 若干种水生植物和藻类样本，可不局限于下列种类：
  - 浮游藻类/蓝藻
  - 丝状藻类
  - 轮藻
  - 丽藻
  - 荷花

- 睡莲
- 莼菜（又名水葵）
- 欧亚狐尾藻
- 眼子菜
- 浮萍（青萍）
- 无根萍
- 伊乐藻（水蕴草）

- 水用灭藻剂和除草剂，可以包括但不限于下列品种：
  - 西玛津
  - 季铵盐或聚季铵盐
  - 草甘膦
  - 氟啶酮
  - 二氯苯氧基乙酸（2,4－D）
  - 草藻灭/茵多杀
  - 敌草快
  - 绿草定/三氯比
  - 灭草烟
- 实验记录本

安全提示

接触水生生物以及施加药剂后要彻底洗手。处理任何化学品时需特别小心。请仔细阅读并遵守本书“实验前必读”中的“安全准则”。

实验步骤

1. 学生的任务是自主设计并完成实验，验证灭藻剂和除草剂是否对不在杀灭范围内的水生植物和藻类的健康产生影响。

2. 可以使用指导教师提供的任何器材，但不必使用所有器材。

3. 通过网络资源研究教师提供的农药的功能。明确每种药剂所针对的目标物种，在实验记录本上描述该药剂杀灭目标生物的工作原理。

4. 实验开始前需明确自己实验的全过程。在实验数据表中记录下你所计划要做的每一步骤（即实验步骤）和要使用的实验材料（材料明细），并将拟定的实验步骤和材料明细上交指导教师。获得教师认同后继续进行实验操作，如未得到同意，要修改计划后再报告教师。

5. 取得教师的同意后，回答分析问题1。然后整理装配所需器材，按计划开始实验操作。

6. 将实验结果整理到自己设计的实验数据表中。

7. 回答分析问题2—5。

数 据 表

实验步骤	
实验材料	
教师意见	

分 析

1. 你在水族箱环境中所使用的药剂对哪些植物或藻类起作用？哪些不是药剂的作用目标？

2. 用什么标准去衡量水族箱中生物的健康状况？

3. 选用的药剂是否对目标生物起到了应有的作用？以什么方式影响目标生物？

4. 非目标生物有无受到影响？如果有，描述影响的表现和后果。

5. 除了应用除草剂和灭藻剂，还有什么手段可以控制我们不需要的藻类或水草？

实验中将会发生什么?

多数人以为窄谱除草剂和灭藻剂只作用于那些需要控制的生物。其实在很多情况下,化学农药进入水体后,整个生物群落的健康都受到影响。多种杀虫剂也能毒害鱼类,使饮用水的安全性减低,也不利于植物的吸收。即使化学农药仅对目标生物有直接作用,那么水质的整体恶化也使同一栖息地的其他生物受到间接的影响。化学药剂杀灭了目标生物之后,死亡的生物常常遗留在原来的水体中。有毒的含氮废物开始逐渐积累,腐烂的生物遗骸也会滋生越来越多的细菌。大量的微生物会消耗水中的氧气,将对水中的其他生物产生不利影响。

尽管不用化学农药,我们也有办法控制水体中的那些令人讨厌的杂草和藻类,但是效果却不如农药那么快捷。我们可以连根拔起杂草,然后从水塘中移除它们。另外,天敌的引进也可以控制多种植物和藻类。有些鱼、螺和甲壳类动物以植物或藻类为食,引进它们后虽然不可能完全消灭水中的多余植物或藻类,但却可以控制其规模和数量。

与现实生活的联系

为了使农作物的生长健壮,也为了提高产量,农业上经常用到化肥、除草剂和杀虫剂。这些化学添加物对农作物本身或许是有益的,但是也会对海洋环境产生巨大的危害。农业施加的化学物质的影响范围往往不止于农田周围的区域。实际上,直接施加到庄稼上的化学添加物会转移到其他地方并不断积累,最终的危害会成倍显现。

在密西西比河口附近的墨西哥湾海域能够看到农用化学品的深远影响。众所周知,美国中部地区的农业发达。为了提高产量,中部平原的农民不断向农作物施用化肥和杀虫剂。土壤或植物吸收了绝大部分的化学添加物,也有相当比例的残余物随雨水流走了。美国中部的地表径流通常汇入密西西比河,最终流入墨西哥湾的密西西比河已经携带了数量可观的化学残留物。藻类和植物一样,在化学营养物充裕的地方易于生长。密西西比河的水流造成的大面积藻花覆盖了海面,使阳光无法照射到下面的生物。水藻死亡后沉入海底,无数的细菌会将其分解。最终细菌将该区域的氧耗尽。有运动能力的动物可以迁移到其他地区，而那些固定生活的海洋动物则会因缺氧死亡。环境遭受破坏的海域就是所谓的“死区”。图 2 显示的是密西西比河口外围的墨西哥湾死区。

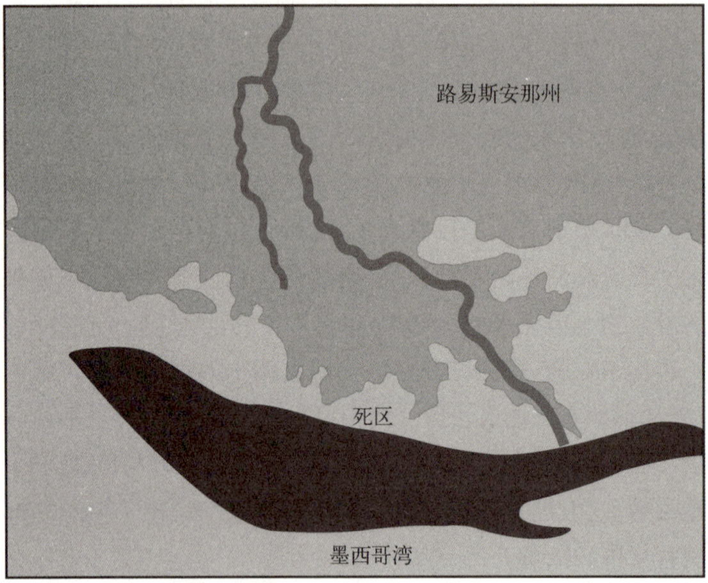

图 2　墨西哥湾死区

想要了解更多吗?

参见附录中“我们的发现”。

附　录

实验环境的设置

根据所需的材料和设备，各项实验进行如下分类：

- “校内实验”使用的器材只能在学校的实验室中找到，而且必须在指导教师或成人的指导下进行；
- “家庭类的实验”项目主要使用的是家居用品或日常生活材料。有的实验可以在家里操作，但也要进行相应指导；
- “户外实验”可以在学校或家里进行，但也要进行相应指导。

校内实验室

实验 3　海洋浮游生物
实验 6　漂浮秘诀
实验 7　大洋输送带
实验 8　测量盐度
实验 11　解读海洋沉积物
实验 15　棘皮动物的适应性
实验 16　海胆的受精过程
实验 17　会发光藻类
实验 20　除草剂对非目标生物的影响

家　庭

实验 1　海洋鱼类分类法
实验 2　鱼类的生存空间
实验 5　幼鱼栖息地的选择
实验 9　海底等深线图
实验 10　海洋沉积物
实验 12　捕鱼时的副产品
实验 13　虎鲸与生物积累
实验 14　海域划分
实验 18　鱼类的适应性
实验 19　海洋食草动物食谱

户　外

实验 3　盐沼生物群落

我们的发现

实验 1　海洋鱼类分类法

课堂讨论的思路：询问学生如何识别不知名的鸟类，并指出可以用类似方法识别鱼类。

分　析

1. 科学家用分类学检索表识别未知生物。

2. 2 号鱼，鲑科；3 号鱼，狗母鱼科；4 号鱼，粗鳍鱼科；5 号鱼，鳕科；6 号鱼，管吻刺鱼科；7 号鱼，鲆科。

3. 答案会不尽相同。学生可以运用任何特征条件，例如有无鱼鳍、尾鳍形状和鱼嘴的外形和位置等。

4. 答案会不尽相同，可能包括（成鱼的）大小、体色和纹理（鱼鳞的类型）等特征。

5. 答案会不尽相同，可能包括海带、章鱼、蛤蜊、鲨鱼和鲸鱼等。

实验 2 鱼类的生存空间

课堂讨论的思路：了解有多少学生家里有养鱼的水族箱。讨论一套水族箱的基本配备情况。

分 析

1. 答案会不尽相同，但学生的叙述中应体现其对实验结果的预期。

2. 答案会不尽相同，但学生应提及密度稀疏的一组鱼。

3. 对照组的意义在于它为实验者提供了与实验结果进行比对的数据。

4. 答案会不尽相同。

5. 答案会不尽相同。

实验 3 海洋浮游生物

课堂讨论的思路：讨论“浮游生物”“浮游植物”和“浮游动物”3 个术语的含义。

提示：如果居住地临近大海，可以用网袋采集浮游生物。如果住在内陆地区，可以从专业店铺购买加工品。

分 析

1. 答案会不尽相同，但可能包括硅藻、鞭毛藻和颗石藻等。

2. 每个生态系统中，处于第一营养级的生物要多于其他营养级的生物。

3. 答案会不尽相同。具有光合作用能力的浮游生物基本上是单细胞生物，如硅藻、鞭毛藻和鞭毛虫等。而陆地上的植物则要大得多，包括各种青草、灌木和乔木等。多种海洋中的光合作用者生有鞭毛，具备运动能力。

4. 答案会不尽相同。某些生物生有纤毛，通过在水中摆动纤毛获得动力。有的利用身体的起伏波动或有游泳能力的附器（如腿和触须）产生推动力。

5. 浮游生物构成的生态系统是开放式的，鱼类捕食小型的甲壳动物和蠕虫类。此外，海藻或沿岸的枯草也是系统中的食物生产者。

实验4 盐沼生物群落

课堂讨论的思路： 了解是否有学生实地见过盐沼地貌。帮助学生理解盐沼和海滩的差别。

提示： 请复印后面的表格，然后裁剪成纸条，每条就是一名学生所要扮演的角色。左边一栏是角色名称，右栏给出相应的说明。有些角色在盐沼生态系统中比例大，所以多次出现在试验中。纸条满足30人的班型使用，可根据实际需要增减印数。

腐屑——遍布盐沼	动植物死后的分解物，是植物、细菌和其他微生物的食物源。
腐屑——遍布盐沼	动植物死后的分解物，是植物、细菌和其他微生物的食物源。
腐屑——遍布盐沼	动植物死后的分解物，是植物、细菌和其他微生物的食物源。
腐屑——遍布盐沼	动植物死后的分解物，是植物、细菌和其他微生物的食物源。
海水	涨潮是海水带来营养物和生物体，冲走腐烂植物。
海水	涨潮是海水带来营养物和生物体，冲走腐烂植物。
海水	涨潮是海水带来营养物和生物体，冲走腐烂植物。
海水	涨潮是海水带来营养物和生物体，冲走腐烂植物。
海水	涨潮是海水带来营养物和生物体，冲走腐烂植物。
大米草——生长于低潮沼泽中	昆虫和螺类的食物源。
大米草——生长于低潮沼泽中	昆虫和螺类的食物源。
盐沼干草——生长于高潮沼泽中	昆虫的食物源。
盐沼干草——生长于高潮沼泽中	昆虫的食物源。
北美穗草——生长于高潮沼泽中	昆虫的食物源。
北美穗草——生长于高潮沼泽中	昆虫的食物源。

续　表

单细胞藻类	微生物的食物源。
单细胞藻类	微生物的食物源。
细菌	分解动植物的遗骸。
细菌	分解动植物的遗骸。
细菌	分解动植物的遗骸。
真菌	分解动植物的遗骸。
沙蚕——在泥土中挖洞生活	满潮时出来觅食其他蠕虫类、死鱼和藻类等。
贻贝——低潮沼泽半埋于泥中	滤食性动物，摄食悬浮的动植物残屑，用腮呼吸，暴露于空气中时双壳闭合。
长嘴秧鸡——生活在高潮沼泽中	低潮时捕食招潮蟹、蠕虫和其他小型动物。
盐沼螺——生活在高潮沼泽中	摄食泥中的腐草和藻类。退潮后隐藏在草垫下。虽然有肺，但能潜水 1—2 小时。
浣熊	低潮时捕食小型动物。
大蓝鹭	低潮和退潮时捕食浅水区的鱼、虾和昆虫。
鲦鱼	随潮水进出沼泽地，采食昆虫的幼虫、小型动物和植物。
青蟹	随潮水进入沼泽地，有腮，潜于水下，采食蠕虫、海螺、牡蛎和其他小型动物。
招潮蟹	从沙粒中滤食腐屑。

分　析

1. 生长于高潮沼泽地的植物很少被海水淹没；低潮沼泽地的植物每天会被淹没超过 6 个小时。

2. 海水在夏季为沼泽降温；冬季为沼泽升温。

3. 大米草中的营养直接维持着一些动物的生存。草根有助于贻贝等动物稳固落脚。没有大米草，多种动物将不可能存活。

4. 答案会不尽相同。下面是一张食物网大致示意图：

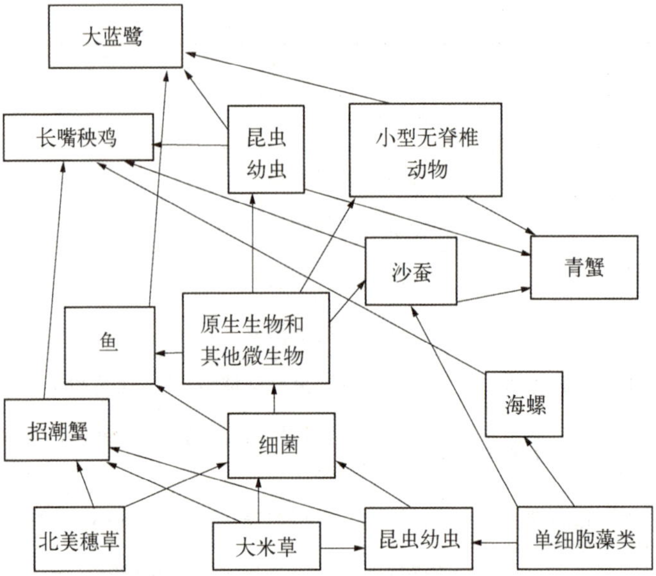

实验5　幼鱼栖息地的选择

课堂讨论的思路： 提问学生："假如你是一条幼鱼，你更愿意生活在什么地方？"要求找到充分理由。

提示： 可以在渔具商店里买到活的白鲦鱼。

分　析

1. 答案会不尽相同，可能提出白鲦鱼会选择植物生长区栖息，那里的庇护可免受捕食者的袭击。

2. 有待验证的因素是幼鱼选择的环境类型：空旷区、植物区还是木棍区。

3. 答案取决于学生实验的不同结果。

4. 答案取决于学生实验的不同结果。

5. 与开放海域相比，幼鱼更喜欢河口地区，那里有躲避捕食者的庇护所和丰富的食物来源。

实验6　漂浮秘诀

课堂讨论的思路： 询问有多少学生能够仰面漂浮在游泳池中，并请一两名学生说明其中的诀窍，把他们的诀窍与浮游生物联系在一起。

分　析

1. 答案取决于所挑选的实验生物。

2. 浮游生物的身体构造适应了在水体上层的漂浮方式。

3. 浮游动物以浮游植物为食。

4. 答案取决于学生所设计的不同模型。

5. 浮游生物对漂浮在水体上层的适应性是多方面的，包括身体的突出部分和较大的体表面积。

实验 7　大洋输送带

课堂讨论的思路： 请学生用自己的语言定义“输送带”，并举出一些实例。将现实生活中的概念联系到海洋的输送作用。

分　析

1. 答案会不尽相同，但会接近如下的示意图：

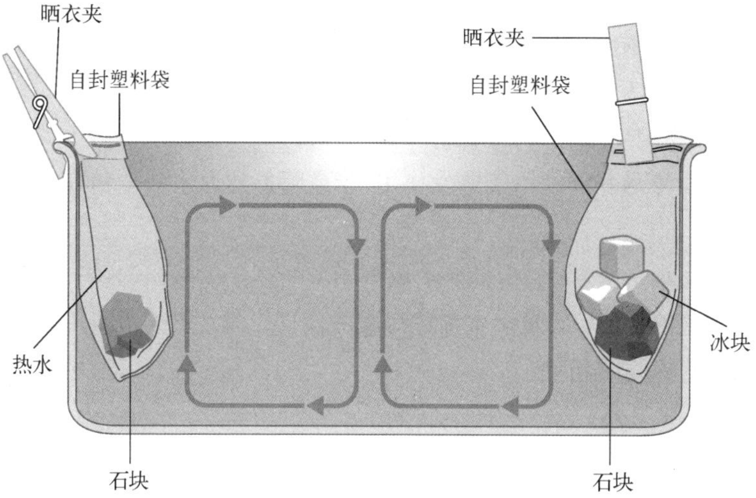

2. 冷水的密度大。冷水向底部运动，热水向上部运动。

3. 温度低的蓝色融水会沉到烧瓶底部。

4. 蓝色的水会冲入下面烧瓶中的清水之中并下沉到底部。

5. 清水处于蓝色的水层之上。

6. 盐水的密度大。因为盐水下沉到烧瓶的底部。

实验 8　测量盐度

课堂讨论的思路：提问学生，在海里是否比在游泳池里更容易浮起来？了解学生对盐度影响浮力的掌握情况。

提示：准备标准生理盐水时，可以先在 500 毫升的烧瓶中放入 17.5 克食盐，再加入蒸馏水至烧瓶的 500 毫升刻度线，搅拌至完全溶化。

制备样本 A 时加入 8.7 克的盐，其余步骤相同。

制备样本 A 时加入 4.3 克的盐，其余步骤相同。

盛有蒸馏水、标准生理盐水、样本 A 和样本 B 的烧瓶可供各个实验小组共用。

用蒸馏水检验比重计的精确度。

分　析

1. 密度是物质在单位容积下的质量。

2. 比重是某种物质的密度与水的密度的比值。

3. 溶解物的浓度增加后，比重随之增加。考虑到温度因素的同时，可用比重换算出盐度。

4. __3__海湾中部；__1__河流；__2__河口；__4__大洋

5. 答案会不尽相同。由于蒸发作用，赤道附近的海水盐度稍高。

实验 9　海底等深线图

课堂讨论的思路：启发学生描述海底的模样。学生想象出的结果很可能与他们看到的等深线图相关。

分　析

1. 等深线图显示出海底的地形地势。

2. 深度相同的各点连成的线就是等深线。

3. 答案取决于学生所画的不同图形。

4. 1 厘米。

5. 答案会不尽相同。可能提到船只利用等深线图躲避浅滩，科学家用于研究工作，渔民用于寻找鱼群出没地等。

实验 10 海洋沉积物

课堂讨论的思路： 学生在海滩上能发现什么样的土壤颗粒？海滩上的沙子为什么比黏土和淤泥多？

分 析

1. ① 小型；大型；② 源头附近，小颗粒在最上层。

2. 沉积物来源于侵蚀、贝壳和死亡生物的残骸；生化反应的沉淀物；火山喷发的颗粒物和来自外太空的颗粒物等。

3. 仅一次的实验操作可能产生偶然的结果，不能如实反映出现象的规律性。

4. 答案会不尽相同。

5. 与其他较大的颗粒物相比，淤泥颗粒的重量轻，能在水中悬浮更长时间。如果存在洋流，淤泥会被输送到大陆架的边缘。

6. 答案会不尽相同。

实验 11 解读海洋沉积物

课堂讨论的思路： 科学家怎样知道地球上远古时代的生命形式？将学生们的想法与海洋地质研究工作的相关内容相联系。

提示： 教师提前准备 4 个塑料容器，大致规格为 15 厘米×15 厘米×10 厘米，分别放入代表 4 种不同海底区域的混合沉淀物，注意沉积物各层次的比例应有差别。用沙子、淤泥和黏土代表陆地上的侵蚀产物。材料中包括代表火山产物的灰烬（或染黑的沙粒）。用硅藻土表示硅藻壳沉积层。样本变潮湿后各层次间结合才会紧密，以便学生采样。

分 析

1. 岩(土)芯样本能显示海底沉积物的层次。

2. 答案取决于实验前材料的准备情况。

3. 学生应用毫米为单位测量沉积物的厚度,除以 2 毫米后的数值便是形成沉积物所需的时间。

4. 2000 年。

5. 我们可以从中了解海洋环境经历的变化。例如,大量硅藻壳的存在表明硅藻曾一度繁盛。火山岩性质的沙粒说明近期有火山喷发过。

6. 答案会因沉积物样本的差异而出现不同。

实验 12 捕鱼时的副产品

课堂讨论的思路: 了解班级里有多少学生捕鱼。讨论他们实际的捕获物和原计划的捕获物之间的差异。

分 析

1. 答案会不尽相同。实际上用拖网捕捞的目标鱼种数量最大,同时副渔获物也最多。

2. 答案会不尽相同,最有可能的答案是: ① 拖网;② 拖网;③ 拖网。

3. 如果捕到了幼鱼,那么它就没有机会长大为成鱼和繁育后代。

4. 答案会不尽相同。商业捕虾活动常用拖网。

5. 答案会不尽相同,但是使用长线串钩的渔民不会只钓到 12 条鱼就去市场上卖掉。

6. 开始阶段更容易捕到成鱼。因为开始时可供捕捞的数量多。

7. 答案会不尽相同。渔民们通常会丢弃那些不需要的副产品。

8. 被渔网缠住的海龟会溺水而亡。

9. 答案会不尽相同。

实验 13 虎鲸与生物积累

课堂讨论的思路: 讨论“食物链”和“食物网”的含义及其与海洋环境的

关系。

提示：本实验是教师带领下的全班参与的活动。对于30人的班级而言，需要填写50张“沉积物摄食者”卡片，16张“浮游动物”卡，10张“鲱鱼”卡，3张“海豹”卡和1张“虎鲸”卡。随机地在其中40张卡片上标上红点，代表环境中的多氯联苯类毒素（PCB），但事先不要透露其含义。

分 析

1. 海洋哺乳动物的体内有大量的脂肪（鲸脂）。
2. 答案会不尽相同。生物积累是指生物组织内有毒物质的逐渐积累过程。
3. 答案会因为课堂活动结果的不同而不尽相同。
4. 答案会因为课堂活动结果的不同而不尽相同。
5. 虎鲸体内的毒素水平高低影响其生存能力。
6. 6级（包括虎鲸在内）。食物链的层级增加后，虎鲸摄入的毒素也随之增加。
7. 多氯联苯类毒素影响虎鲸的生存能力和繁殖率，加之虎鲸自身的繁殖率就很低，所以种群的前景将受到严重威胁。

实验14　海域划分

课堂讨论的思路：向学生演示阳光通过棱镜后还原成彩色光的过程。复习光线色彩与波长的关系。

提示：投影仪用的蓝色胶片适合制作眼镜模型的镜片。

分 析

1. 红、橙、黄、绿、蓝、靛、紫7种颜色。
2. 除了绿色光之外，其他颜色的光都被草吸收了。
3. 灰色。在亮度低的条件下，彩色光线无法传播。
4. 答案会因为实验结果的不同而不尽相同。
5. 小纸片代表不同颜色的生物。
6. 紫色。

7. 蓝色。蓝色光可穿透的深度是 85 米。

实验 15 棘皮动物的适应性

课堂讨论的思路：向学生展示吸盘，请学生解释吸盘的工作原理。

提示：如果得不到鲜活的海星，加工品也可以满足实验要求。

分 析

1. 棘皮动物的体表有尖刺状凸起，呈放射状对称结构，生有管足。

2. 答案会不尽相同。

3. 答案会不尽相同。有的学生或许已经注意到了每条腕端的眼点。

4. 抽走管足里的水后，海星利用负压力产生的吸力抓取礁石等物体。如果想要放开物体，海星从管足中放出水时吸力便没有了。

5. 不同的模型会导致答案的不同。

实验 16 海胆的受精过程

课堂讨论的思路：讨论体内受精和体外受精的异同。

提示：使用“Instant Ocean”品牌的海盐可以配制出适合海胆生活的盐溶液，即人造海水。如果买不到，也可按下列配方准备人造海水。

成 分	容 量
氯化钠	24.72 克
氯化钾	0.67 克
二水氯化钙	1.36 克
六水氯化镁	4.66 克
七水硫酸镁	6.29 克
碳酸氢钠	0.18 克
蒸馏水	加至 1 升

将 3.37 克的氯化钾与 100 毫升的蒸馏水混合后便得到浓度为 0.5 M 的氯化钾溶液。注意精子一旦接触海水，会很快失去活力。

分 析

1. 答案会不尽相同。口器位于海胆身体的中央，四周是连在一起的钙质硬片。
2. 答案会不尽相同。产卵就是把成熟的卵排出体外。
3. 精子出现在雄海胆的背面。
4. 雌海胆从腹面把卵排入海水中。
5. 答案会不尽相同。
6. 卵子发育出受精膜。
7. 受精卵是双倍体细胞，含有半套来自卵子的染色体和半套来自精子的染色体，受精后形成完整的一套。

实验 17 会发光的藻类

课堂讨论的思路：请见过萤火虫的学生举手示意。安排二人一组讨论萤火虫发光的原理。请一、二名学生向全班介绍讨论结果。教师利用讨论意见引出其他生物的发光现象。

提示：

夜光藻是一种会发光的腰鞭毛虫，可在生物产品商店里买到。如果打算进行一段时间的活体培养，可以购买适合海洋生物的微生物培养基，如 Alga-Gro 牌的培养基。每天的光照时间保持在 12 小时，然后提供 12 小时避光的条件。适宜的光源包括冷白色调的日光灯、水族箱专用照明灯或一般的电灯。

海洋中的腰鞭毛虫在白天进行光合作用，夜晚能够发光。两种活动受到光依赖性的昼夜节律控制。为了在日间的课堂上观察其发光效果，教师需要调整海藻的日常生活节奏。可以把这种调整工作当作课堂活动的一部分，或者在课前完成。调整的方法是：把每天的照明时间提前或推后 1 小时，直到夜光藻的避光周期与学校的上课时间同步。注意夜光藻在黑暗条件下的活跃期有 2 小时左右。

分 析

1. 瓶子静置在桌上时，里面的腰鞭毛虫没有反应。
2. 晃动后出现点点荧光。

3. 无光的玻片上什么也没有。

4. 敲击玻片后出现光点。

5. 外界干扰造成海藻发光。

6. 生物发光现象是生物通过一些生化反应产生的发光现象。

7. 答案会不尽相同。学生提出的实验方案可以验证海水酸碱度或营养成分的改变是否影响生物的发光作用。

实验 18 鱼类的适应性

课堂讨论的思路：请 3 名学生各自详细介绍一种鱼的特征，包括体型大小、体色和嘴部形态等。比较学生们的不同描述。检验学生是否知道鱼类的适应性导致了种属间的差异。

提示：复印下面的表格，然后裁剪成纸条。每一条描述的是某一种鱼的生存环境和活动特点。分发给每名学生或实验小组 1 张纸条。如希望学生重点关注某一适应性或特定海域环境，教师可调整纸条上给出的条件。

分 析

1. 答案会不尽相同，但应该有躲避捕食者的适应体色（如伪装色或警告色）和吸引同类的适应体色。

2. 上深下浅。因为背部颜色深的鱼和水底混为一体，不易被俯视的捕食者发现。

3. 答案会不尽相同。鱼鳍使鱼类能在水中上下前后运动。

4. 聚集在一起要比单独的个体更能显示出强大的声势，因此提高了捕食者的捕食难度。

5. 答案会不尽相同。从礁石上啃食海藻的鱼类生有尖利的喙状嘴；捕食小鱼的鱼类的嘴大有齿；在海底摄食的鱼类生有吸管型的口。

6. 每天进食的鱼类与每月进食一次的相比，鱼嘴和消化系统更小。

7. 双眼长在头部一侧的鱼卧伏与水底。眼睛小的鱼一般生活在浅水区，而在深水区常见的则是大眼睛的鱼。

8. ① 圆形的；② 腹面平坦；③ 鱼雷形（梭形）；④ 身体扁平；⑤ 条带状或鳗鱼形。

栖息在温暖开阔的浅水区；水底摄食的鱼类，游速缓慢。
栖息在温暖的多草浅水区；捕食小型猎物，游速快。
栖息在礁石底暖水区；捕食小鱼，游泳力量大。
栖息在河口的暖水区；摄食动植物遗骸，游速慢。
栖息在潮间带的暖水区；捕食浅水区的小鱼，灵活快速。
栖息在温暖开阔的深水区；捕食中等体型的鱼，游速快。
栖息在暖水区；体型小，能使捕食者难于吞咽自己。
栖息在暖水区；离底摄食，能在浑水中发现猎物。
栖息在暖水区的珊瑚礁一带；生有带毒的倒刺，食用珊瑚。
栖息在暖水区；生活在多沙的海底，伏击猎物。
栖息在温暖的浅水区；能改变体色。
寒冷的多草浅水区；食用死亡的动植物。
寒冷的浅水区；捕食下层的小鱼。
寒冷的浅水区；捕食其上层的中等大小的鱼。
寒冷的浅水区；摄食浮游生物。
寒冷的浅水区；捕食水母。
寒冷的深水区；捕食小型鱼类。
寒冷的深水区；游速快，食用螃蟹和蠕虫类。
寒冷的深水区；游速慢，捕食中型鱼类。
寒冷的深水区；游速慢，伏击猎物。
寒冷的深水区；游速慢，栖息在礁石底，躲藏起来静待猎物出现。

9. 像眼睛一样的大块色斑可以吓退捕食者。如果假眼位于尾部，捕食者可能选择鱼的尾部作为攻击方向，避免造成严重的伤害。

实验 19　海洋食草动物的食谱

课堂讨论的思路：了解学生是否涉足过水草丛生的海滩。向学生指出沙滩沿岸一般不生长水草。比较陆生草和水草的异同。

分　析

1. 因学生选用的种类不同，答案、简图和描述会有相同。参见实验 19 中的

图 1,了解一些常见的海草。

2. 答案会不尽相同,但要包括：水温、盐度、食物位置、草的长度,每箱只有一种食草动物。科学实验中的控制因素很关键,要保证调控因素的唯一性,这样才能确定某一特定因素是否对实验结果所产了作用和影响。

3. 曲线图会不尽相同。学生应绘制两份独立的曲线图,分别描述 1、2 号水箱各自的实验结果。坐标轴分别为记录日期和当时的食用量(用厘米表示)。用不同的线条和颜色代表不同种类的海草。线状图的每一部分标注说明和示例,包括颜色代表的含义。

4. 答案会因为实验结果的不同而不尽相同。学生应该利用每种水草被食用的数量证明自己的结论。

5. 答案会因为实验结果的不同而不尽相同。学生应该利用每种水草被食用的数量证明自己的结论。

6. "机会主义采食者"是指那些进食有条件得到的任何食物的生物。它们一般不会表现出对食物的偏爱。如果某种动物吃掉了同等数量的不同草类,那就说明它有可能是机会主义采食者。

实验 20 除草剂对非目标生物的影响

课堂讨论的思路：了解学生的相关经历——是否见过长满绿色浮渣的水箱或池塘。讨论杂质的来源和清除办法。

提示：参考如下常用灭藻剂和除草剂的介绍。

- 季铵盐或聚季铵盐：液化铵盐类灭藻剂。能降低水的表面张力,覆盖藻类,破坏其细胞壁。过量使用会造成水面出现大量泡沫。
- 西玛津：一种长效灭藻剂,能渗入细胞内部,破坏光合作用机制。不建议经常使用,对植物有同样作用。
- 草甘膦(常见的商品名包括 *Rodeo*, *AquaMaster*, *AquaPro* 等)：广谱除草剂,控制睡莲等浮叶植物。对水下植物无效,如欧亚狐尾藻等。无选择性,但要几周才能显现效果。必要时重复施用。
- 氟啶酮(*Sonar*, *Whitecap*)：缓效广谱除草剂,能杀灭欧亚狐尾藻等水下植物。植物中毒死亡需要 6—12 周。低浓度时对某些水草作用很小。
- 二氯苯氧基乙酸(2,4 - D)(*Aqualeen*, *Navigate*)：选择性的速效内吸除草剂,针对阔叶植物有效。可能对鱼类有害。

● 茵多杀（*草藻灭*）：广谱速效的接触性除草剂，破坏植物茎叶部分，不伤根系。小范围施用效果明显。对伊乐藻无效。

● 敌草快（*Reward*）：广谱速效的接触性除草剂，破坏植物茎叶部分，不伤根系。用于控制沉水植物。可用于定点治理。对稠密的藻花无效。

● 绿草定/三氯比（*Renovate3*）：作用较快的选择性内吸除草剂，适用于欧亚狐尾藻和其他阔叶草。可用于定点治理。对鱼类和人类的眼睛、皮肤有刺激性。

● 灭草烟（*Habitat*）：广谱缓效除草剂，有效控制挺水植物，如大米草、柳条芦、芦苇等。也对睡莲的浮叶植物有效。对水下的沉水植物无效。

分 析

1. 因施用的药剂与水箱中放入的水草和藻类不同，答案也将不同。参考本实验中所提到的药剂的主要作用对象。

2. 因设计的实验步骤差异，会有不同的答案。学生们可能想到比较两个水箱、植物叶片的大小、藻类或植物的颜色以及新萌生部分的多少等。

3. 答案会因为实验结果的不同而不尽相同。应描述实验过程中目标生物发生的变化。

4. 答案会因为实验结果的不同而不尽相同。应描述水族箱中非目标生物受到的任何影响。

5. 答案会不尽相同。可能出现的答案为引进天敌，如螺、虾和食藻鱼类等；定期人工清理问题植物和藻类等。